中崎 勝 著

異物不良「ゼロ」徹底対策ガイド

一般エリアからクリーンルームまで即効果が出る

日刊工業新聞社

はじめに

　本書の内容は、**すべて体験**に基づいています。

　異物の素人だった私が、27年間のコンサルティングの中で異物不良を実際にゼロにし、その過程で体験し知識としたものです。その中で、業態が違う会社でも共通すると思ったことを経験則とし、それを別の会社でも使い、効果があったものだけを掲載しました。

　書こうと思ったきっかけは、3つです。

　1つ目は、海外の優良企業で異物のコンサルティングをしたとき、そこの責任者が日本の支社に異物の本を探すことを指示し、それが見つからず、「この手法はオリジナルですね」と言われたこと。

　2つ目は、経験則をまとめた異物の事例集をセミナーで展示したところ、参加者のみなさんがすべて写メに撮って帰ろうとしたこと。

　3つ目は、この手法が20年以上前から多くの企業で使われ、すべての企業で大きな効果を上げ、現在に至るまでコンサルティングの依頼が来続けていることです。

　しかし、いざ書き始めると知らないことばかりで、お客さんにメールしたり改めて事例をもらったり、現場に行って実際に確かめたり実験したりで、自分の知識がいかに浅かったかを思い知りました。そんなことをやっていて、完成するのに11カ月もかかってしまいました。

　本書を書いてみて良かったことは、今まであやふやだった異物管理というカテゴリーで、考え方と進め方を体系化できたことです。これまで、ある特定分野での異物対策、食品向けの異物混入に関しての書籍は数冊あるようです。本書では半導体、液晶、電子部品、自動車、窯業、家電、精密機械、プラスチック成形、金属加工、金型、紙加工など私が実際にコンサルティングした業種で体験したことをまとめました。ですから、本書で**一般エリアからクリーンルームまで対応**できます。

そして、**異物の素人の方、玄人の方両方に対応**できます。何せ異物の素人が一からつくったのですから、素人の方に対応できるのは当然です。そして、その素人が異物の玄人の方の会社を訪問し、効果を上げたのですから、玄人の方のお役に立つのも当然です。

私は、**難問を解くのに必要な考え方は論理的思考と現場・現物主義**だと思っています。私はもともとタイヤ生産会社で働いていて、その後アメリカのコンピュータ会社でSEをやっていました。ですから、コンサルタントになって訪れた会社はすべて別業種であり、その業種の知識やノウハウなどある訳がなく、必然的に論理的思考と現場・現物で問題を解いていくしかなく、その結果生まれたのが本書です。したがって、背骨には論理的思考と現場・現物主義が通っています。

本書は、全部で7章からなります。

第1章は、「なぜ異物不良はゼロにならないのか」から始まり、その理由を8つ挙げ、対応策として「異物不良をゼロにするための基本的な考え方」を紹介します。そして、その考え方を具体的な進め方として展開した「異物ゼロへのアプローチ」を紹介します。

第2章では、徹底清掃について解説します。

徹底清掃は、異物不良を一発でゼロにする手法です。全社員で一斉に行えばマインドも一気に変わり、異物不良ゼロ活動を加速させます。もし今、異物不良に悩んでいて、すぐにでも効果が欲しいという方がいらっしゃれば徹底清掃から始めるとよいでしょう。

第3章では、発生源対策に取り組みます。

発生源は異物不良を起こす異物を発生させる根源であり、発生源対策は根本対策となります。それだけに効果は大きいのですが、中には材料、生産プロセス、サプライヤーに大きく依存する異物もあり、技術的に難しく時間とコストがかかる対策もあります。それらの異物に対しては、伝達経路対策と清掃との合わせ技で対応していきます。

第4章では、伝達経路対策を解説します。

異物の発生源はなくすことはできませんが、その異物が製品に至る経路を遮断し、異物不良を減らすことはできます。それが伝達経路対策です。異物対策に取り組み始めたら、一刻も早く効果を上げたいというのが本音でしょう。それを実現するのが伝達経路対策です。徹底清掃をした後で、すぐに異物不良が発生することがあります。それは、伝達経路対策を事前にしていなかったことが原因です。

　伝達経路対策は、以上3つの理由から発生源対策に先立ち、実施することもあります。

　第5章では、清掃基準書の作成について説明します。

　発生源対策と伝達経路対策をしても、異物をゼロにすることはできません。そのまま放置しておけば、現場は異物だらけになってしまいます。それを防ぐのが清掃です。清掃は、異物不良をダイレクトにゼロにできる現場の作業者が持つ最強の武器です。

　しかし、時間がかかり過ぎては生産に支障をきたしてしまいます。そこで、限られた時間で最高の効果を出す清掃基準をつくります。そして、それをビデオ化し、誰でもいつでも覚えられる環境を整え、清掃を通常の生産の中で自然にするようにします。

　第6章は、異物管理です。

　ここまでの活動で異物不良ゼロは実現できますが、その状態を維持し続けることは難しいことです。それを、異物管理の9つの機能で実現します。

　検査でお客様に異物不良を出さない体制を整え、サプライヤーや外部から入ってくる異物を防ぎ、データで異常を検知し、清掃と行動規制で異物ゼロ状態を復元・維持します。そして、教育・訓練によりそれらを確実に実施する人材を育成します。第1章から第6章でたくさんの事例を紹介しますが、それは理論を証明したり解説をわかりやすくしたりするためのものであり、部分的なものです。

　第7章では、実際の活動をストーリー的に4つ紹介します。

　初めに半導体の後工程の2つの事例を紹介します。ここでは、違う会社にもかかわらず同じような異物が発生し、同じような対策をしていることを知って

もらいます。

　次に、半導体前工程の特性検査の事例を紹介します。ここでは、誤判定というまったく原因がわからず、異物対策が最適かということにも確信が持てなかった現象を、異物対策だけでなく設備の原則整備や作業改善まで実施し、なくしたことを知ってもらいます。

　4つ目の自動車の塗装工程の事例からは、「異物ゼロへのアプローチ」が一般エリアでもどんなに難しい異物不良でも通用することを知ってもらいます。最後に「**これからクリーン化に取り組む方々へ**」と題し、異物不良ゼロ工場を実現するには、何から始めどう進めていったらいいかの手順を説明します。

　巻末の添付シートには、その際に使う「スタートアップリスト」と「現場チェックリスト」を入れました。今、異物不良に悩んでいる方は、そのリストで自職場の課題を抽出し、対策するとよいでしょう。

　本書を読んでいただき、現場で実際に使っていただき、異物不良ゼロ工場をみなさんの手でつくり上げてくれることを願っております。

2019年　著 者

異物不良「ゼロ」徹底対策ガイド
一般エリアからクリーンルームまで即効果が出る

目　次

はじめに……………………………………………………………………… I

第1章　異物不良をゼロにするには

1. なぜ異物不良はゼロにならないのか …………………………………… 10
2. 異物不良をゼロにするには ……………………………………………… 12
3. 異物の正体は何か………………………………………………………… 14
4. どの工程で発生したか…………………………………………………… 16
5. 徹底清掃で異物不良をゼロにする……………………………………… 18
6. 複数の異物が慢性不良を起こす………………………………………… 20
7. 異物の発生源は6つあり、20の異物が発生する……………………… 22
8. 6つの伝達経路から異物は製品に至る………………………………… 24
9. 清掃をきちんとやってもらうには ……………………………………… 26
10. 異物ゼロへのアプローチ ……………………………………………… 28
11. 異物の経験則を活用する ……………………………………………… 30
   `column1` 思い込みを捨て、ステップ通り実施する…………………… 32

第2章　異物不良を一発でゼロにする徹底清掃

1. 準備はしっかりする ……………………………………………………… 34
2. 事前に安全を確保する…………………………………………………… 36

5

3. 徹底清掃には３つの基本がある ………………………………………38

4. 清掃場所、服装・用具、汗の３つに注意 …………………………40

5. 全体一斉による徹底清掃 ……………………………………………42

6. プロセス系設備の徹底清掃 …………………………………………44

7. エアシャワーの清掃 …………………………………………………46

8. クリーンベンチの清掃 ………………………………………………48

9. 見落としがちの４つの場所 …………………………………………50

10. 仕上げ清掃の意義 ……………………………………………………52

11. 清掃を記録する ………………………………………………………54

12. 結果をまとめる ………………………………………………………56

`column2` 徹底清掃で異物との闘いのゴングを鳴らす ………………58

第3章　発生源対策で根本的に手を打つ

1. 購入品により持ち込まれる異物への対策 …………………………60

2. 材料から発生する異物への対策 ……………………………………62

3. 塗布機はノズル先端が発生源 ………………………………………64

4. 設備から発生する異物への対策 ……………………………………66

5. 原則の崩れにより異物が発生する …………………………………68

6. 見落としがちな重要部品 ……………………………………………70

7. 人から発生する異物への対策 ………………………………………72

8. クリーンスーツの寿命管理 …………………………………………74

9. 清掃用ウェスの選定と使い方 ………………………………………76

10. 製品・部品から発生する異物に対する対策 ………………………78

`column3` 異物オリンピック 2019 …………………………………80

第4章　伝達経路対策で異物を遮断する

1. 購入品異物の防衛策 …………………………………………………82

2. 外から持ち込まれる異物をシャットアウト ………………………84

3. 落ちる異物への対策 ………………………………………… 86

4. 浮遊異物はどのくらいあるかを知る ……………………… 88

5. 見えない気流を見る ………………………………………… 90

6. 気流に合わせた設備レイアウトとモノの置き場所、置き方 ……… 92

7. 気流を制御する ……………………………………………… 94

8. 異物不良をゼロにしたいならエアブローは禁止 ………… 96

9. 異物をつかまえる …………………………………………… 98

10. 静電気の存在を知る ………………………………………… 100

11. 静電気対策の常道はイオナイザー ………………………… 102

12. イオナイザーの管理 ………………………………………… 104

13. 接触する伝達経路への対策 ………………………………… 106

14. 再付着する異物はどうするか ……………………………… 108

15. 液中異物測定と純水管理 …………………………………… 110

column4 風邪予防は伝達経路対策 …………………………… 112

第5章　最小の労力で最高の効果を出す清掃基準書の作成

1. 清掃基準書がなくても現場は清掃する ………………… 114

2. 段取り① 清掃基準書を4つの手順でつくる …………… 116

3. 段取り② みんなが守れる清掃基準書をつくる ………… 118

4. 全社で清掃基準書づくり …………………………………… 120

5. 実際のビデオ清掃基準書① 準備編 ……………………… 122

6. 実際のビデオ清掃基準書② 実践編 ……………………… 124

column5 清掃は生活の原点 …………………………………… 126

第6章　ゼロに復元・維持する異物管理

1. 異物管理のフレームワーク ………………………………… 128

2. 異物不良は絶対に外に出さない …………………………… 130

3. 正しい異物の除去方法 ……………………………………… 132

4. 異物をデータで管理する ··· 134

5. 清掃で異物不良ゼロ状態を維持する ·························· 136

6. 操業以来の異物不良をゼロに ······································· 138

7. 行動規制で最小限に抑える ··· 140

8. クリーンルームに入る前に ··· 142

9. エアシャワーの浴び方 ·· 144

10. その行動が異物を発生させる ······································· 146

11. 普段やっていることでもクリーンルーム内ではダメ ······· 148

12. 温湿度管理の重要性 ·· 150

13. すべては人がすることだから教育・訓練は大切 ············· 152

column6 なぜ、外観検査にAIを使うのか ······························· 154

第7章 実際の活動に見る異物ゼロ化の勘所

1. 事例Ⅰ-① 顧客クレームにより活動開始 ···················· 156

2. 事例Ⅰ-② 発生源対策と清掃で異物不良がゼロに ·········· 158

3. 事例Ⅱ-① もう1つの半導体後工程 ·························· 160

4. 事例Ⅱ-② 活動の結果、貴重な経験則も得られた ·········· 162

5. 事例Ⅲ-① 原因不明の問題に取り組む ······················ 164

6. 事例Ⅲ-② すべての生産要素に対策 ························· 166

7. 事例Ⅳ-① 自動車・塗装工場における異物対策 ············ 168

8. 事例Ⅳ-② メカニズムがわかれば、あとは対策 ············ 170

9. 活動を継続させるには ·· 172

10. これからクリーン化を始めるみなさんへ ····················· 174

column7 経験から得た知識を積み上げ活用する ··················· 176

索　引 ·· 177

添付シート ·· 181

第1章 異物不良をゼロにするには

1 なぜ異物不良は
ゼロにならないのか

　異物とは、製品の機能達成上必要でないモノであり、それが付着、固着、内部に入り込むと製品を不良にしてしまうモノです。

　自職場の実態を知るために空気清浄機を1カ月設置し、フィルターに付着した異物を確認しました。その結果、クリーンスーツの繊維や清掃ウェスの屑、材料の固まり、カセットの屑、製品の欠けと大量の異物が発見されました。このように、「現場は異物だらけ」です。

　異物だらけの現場でモノをつくるのですから、当然、異物は製品に付着し異物不良は発生します。つまり、そのような現場では**異物不良が発生するのは必然**なのです。それでは、なぜそのような現場になってしまったのでしょう。それは、現場にいる1人ひとりの異物に対する**感性が鈍い**からです。

　感性とは、目で見た事実を正しく（正常か異常かを）認識する能力（第一の感性）であり、目で見えないものでも「おかしいな」と感じる能力（第二の感性）です。

　感性が鈍いと、

　○現場は異物だらけなのにその存在を知らない、知ろうともしない

　○存在は知っていても、その異物が品質に影響しないと決めつけている

　○現場は異物だらけなのに、汚れているのに清掃をおざなりにする

という思考と行動になります。

　クリーンスーツに糸屑がついていても、服装が乱れていても、粘着マットが汚れていても、清掃道具が汚れていても、設備内にゴミが見えても気にならず、異常と思わなくなります。そして、そのままの状態を放置し、清掃もエアブローで済ませるという行動を取り、悪気なく何気なく自然に異物不良を慢性化させ、そのうちその状態も気にならなくなります。

　感性の鈍い職場では、異物不良はゼロになりません。

第1章 異物不良をゼロにするには

● 感性が鈍いと異物不良は慢性化する

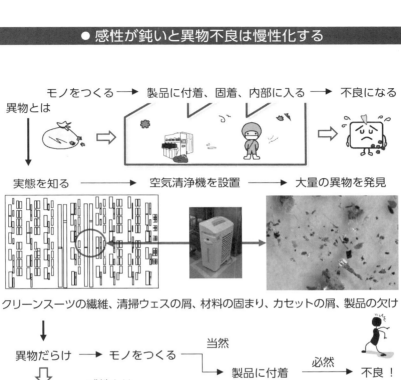

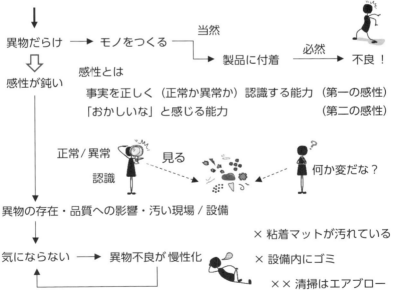

2 異物不良をゼロにするには

　どの職場でも、過去に一度や二度、異物不良をなくそうとしたことと思います。しかし、失敗してあきらめます。その理由は、8つあります。

　①不良を出している**異物の正体**がわからない

　②異物を**発生させている工程**がわからない

　③異物不良の発生**メカニズム**がわからない

　④**発生源対策**していない

　⑤**伝達経路対策**していない

　⑥**徹底清掃**をしたことがない

　⑦**清掃をおざなり**にしている

　⑧**異物に関する言葉**すらわからない

　異物不良をゼロにするには、これら8つの課題を解決しなくてはなりません。

　実際に異物不良をゼロにした**複数の事例**から共通項を**経験則**として導き出し、その経験則で未知の異物不良をゼロにすることにより生まれたのが、「異物不良をゼロにするための**基本的な考え方**」です。そして、基本的な考え方を**具体的な進め方**に展開したツールが「**異物ゼロへのアプローチ**」です。

　基本的な考え方を学び、異物ゼロへのアプローチを実践することにより、異物の素人でもプロでも慢性異物不良をゼロにすることができます。そして、自分の力で異物不良をゼロにした経験により「異物不良はゼロにできる」「それにはこのような考え方をして、こういう進め方をすればいい」という確信が生まれ、**異物の感性も磨かれて**いきます。

　異物の感性が磨かれると、異物だらけの現場が異常に見え、正常に戻す行動を取ることができるようになります。その結果、現場は常にクリーンな状態で維持され、異物不良ゼロの状態も継続します。

　結局、現場を良くするのも悪くするのも"人"なのです。

12

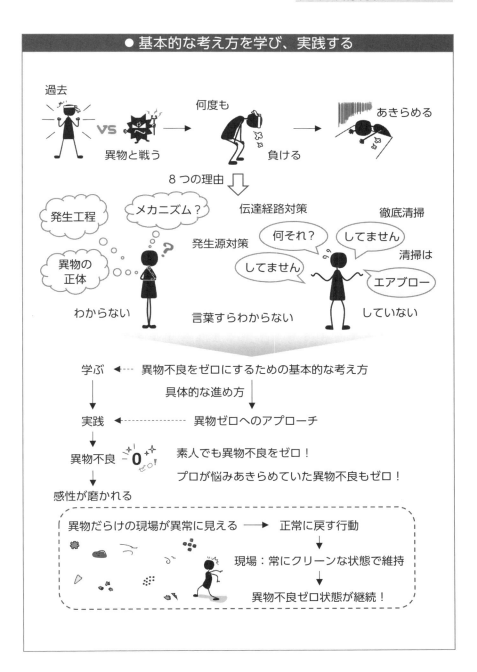

3 異物の正体は何か

　異物不良がなくならないとお困りの方に聞いて驚くことは、「今、悩んでいる異物不良の正体を知らずに異物不良をなくそう」としていることです。異物不良の原因である異物を見つけるのは、刑事ドラマでいえば犯人捜し。犯人の名前がわからなければ見つかるはずがありません。

　異物不良をゼロにする第一歩は、**異物の正体**を知ることです。異物の正体は**物性、大きさ、形、色**で明確になります。具体的には、異物不良の現物から異物を採取、観察、分析します。これを**異物分析**と言います。

　異物が無機の場合は元素分析をし、物性、大きさ、形、色から異物の正体を知り、発生源を推定します。

　有機の場合、元素分析ではC（カーボン：炭素）という物性が出るだけですから、発生源を推定できません。そこで、大きさ、形、色で分類し、次の**工程限定**のステップで作成する**レファレンス**から正体を突き止め、発生源を推定します。

　たとえば、次ページの写真のように複数の繊維が採取できた場合、それを大きさ、形、色で分類することにより、同じように見える繊維でもそれらがマスク（38%）、作業着（26%）、段ボール（9%）、清掃ウェス（6%）からなることがわかり、間違いなく対策を打てるようになります。繊維と言えば、ほとんどの人が作業着だろうと推定しますが、異物分析をすることによりそのような固定観念も打破できます。

　異物が残っていない場合、存在していた形跡（大きさ、形）から異物の正体と発生源を推定します。製品のどこ（どの部分、どの層）に異物が存在していたかも記録します。表面に付着していれば発見工程、固着していれば前工程、内部に入り込んでいれば材料工程というように発生源を推定します。

　まとめ方としては、異物の正体ごとに分類し、物性、大きさ、形、色、発生部位、写真を異物分析シートに記入します。そして、異物の分類により円グラフを書き、異物対策の優先順位を決めます。

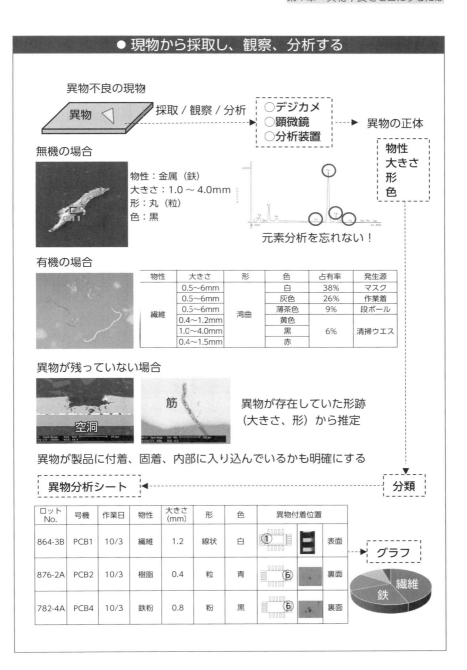

4 どの工程で発生したか

次に異物の発生工程（発生源）を3つの方法で推定します。

◆ マッピング

異物不良の発生位置を製品・部品の上にマッピングします。

正体の違う異物は、色と形（○、△、□）で区分します。そして、「異物不良の位置は、集中かランダムか」を確かめ、もし集中している場合、「関連工程・設備・ユニットはどこか」「上に発生源はないか」「気流は当たっていないか」「接触する設備の部位、人の作業はないか」を確認し、発生工程を推定します。

◆ クリーンワーク流し

異物不良の発生率が高い場合に行います。発生源があると推定した工程にクリーンワーク（異物のついていない製品・部品）を流し、異物付着・固着の有無を確認します。

まずは、工程ごとにクリーンワークを流し、その結果から発生源がある工程が絞り込めます。次に絞り込んだ工程に再びクリーンワークを流し、発生源のある設備を絞り込みます。最後に、絞り込んだ設備にクリーンワークを流し、ユニットまで絞り込みます。

◆ レファレンスの作成

発生頻度が低い場合には、レファレンスを作成します。

工場全体のありとあらゆる場所にテープを貼り、異物を採取します。ある程度分量がある異物はビニール袋に回収します。それらの異物を分析し、工場全体のレイアウト図、設備図に貼り、発生工程を推定します。この結果、出来上がった図をレファレンスと言います。

レファレンスは、徹底清掃時に清掃対象を明確にするために作成することもあります。

以上、3つの方法で推定した発生工程に対し、徹底清掃を行います。もしこれで推定できない場合、工場全体が徹底清掃の対象となります。

第1章　異物不良をゼロにするには

● 3つの方法で発生工程を推定する

【マッピング】異物不良の位置を製品・部品上にマッピング

異物の分布は、
集中、ランダム？

上に発生源はないか？

気流が当たっていないか？

設備、人との接触はないか？

＊正体の違う異物は、色と形（○、△、□）で区別

【クリーンワーク流し】

発生率が
高い場合

工程－1

工程－2

設備－1

設備－2

工程－1だな

搬送　　反応　　搬送

異物のついていないワークを流す

設備－1かぁ～

ここだ!!

【レファレンス】

発生率が
低い場合

テープ、ビニール袋
で異物採取

徹底清掃時に清掃対象を明確にするためにも作成

17

5 徹底清掃で異物不良をゼロにする

　生産開始時、製品をつくる空間（工程、設備）にはほとんど異物がありません。いわゆる**クリーンプロセス**という状態です。

　しかし、生産を始めると数多くの発生源から多くの異物が発生し、徐々にプロセス内に蓄積され、ある一定量を超えると**異物不良が慢性化**します。この生産プロセス内の異物の蓄積量を**異物のポテンシャル**と呼びます。異物のポテンシャルが高いと異物不良は高レベルで慢性化し、低いと低レベルで慢性化したり、突発不良として発生したりします。

　慢性化した異物不良は、ほとんどの場合、**複数の異物により構成**されます。このことから慢性異物不良対策では、「対策するべき異物は複数あるかもしれない」ことを前提に進めます。

　このように複数の異物が長年蓄積されると、どの異物が不良を出しているのか判別しにくくなり、発生源や伝達経路も隠れ、重なり、混じり、限定が困難になります。異物不良をゼロにするには、異物のポテンシャルをいったんゼロにする必要があります。その方法が**徹底清掃**です。

　徹底清掃により異物のポテンシャルをゼロにし、クリーンプロセスに戻し、その結果、異物不良をゼロにします。そして、すべての異物を採取し、異物不良の発生メカニズムを解明します。

　異物不良の発生**メカニズム**とは、

　①異物不良を起こした異物の**発生源**は何で

　②その異物がどんな伝達経路を経て製品・部品に至り異物不良になったか

の一連のプロセスのことを指します。異物不良の発生メカニズムを解明することにより、発生源と伝達経路が限定でき、それぞれの適切な対策が打てるようになります。

　と同時に、今まで見えていなかったモヤモヤ感がなくなり、スキッとした気持ちで対策に打ち込むことができます。

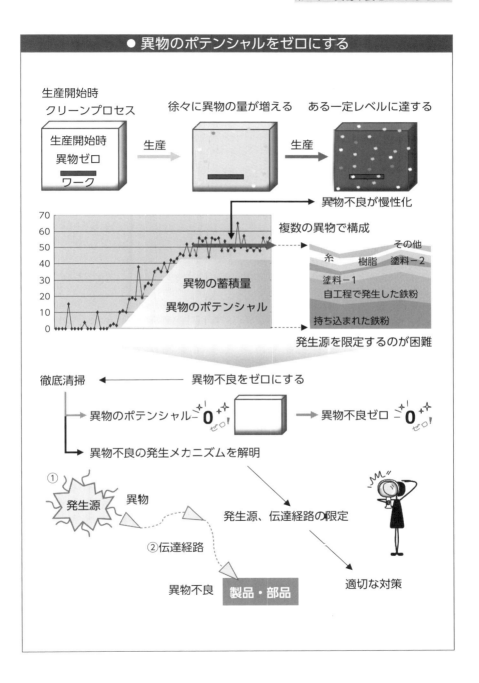

6 複数の異物が慢性不良を起こす

　複数の異物が解き難い慢性異物不良を発生させる例を見てみましょう。

　プラスチックの射出成形をしているこの工場では長年、異物不良に悩まされていました。そこで徹底清掃を行ったところ、**7種類もの異物**が確認されました。

①原材料に**鉄粉**が混入していた。対策として、サイロ投入口にマグネットセパレータを設置。しかし、それでは取り切れず、成形機前のホッパーの中でも鉄粉が見つかった。そこで、追加の対策としてホッパー入口にもマグネットセパレータを設置した

②原材料の入れ物（フレコンバッグ）の底に木製パレットの**木屑**が付着していた。対策として、パレットの材質を樹脂に変更。さらに歯止めとして、投入前にバッグの底をエアダスターで吸引することにした

③サイロから成形機に原材料を運ぶ**配管**が樹脂であり、それが原材料によって削られ摩耗し、**樹脂異物**を発生させていた。対策として、配管の材質をSUSに変えた

④加熱筒内で**鉄**が発見された。原因は、加熱筒表面のキズや摩耗、バリ、カシリであった。対策としてオーバーホールに出していたが、同時に従来決まっているオーバーホールの周期も見直すことにした

⑤加熱筒内で**炭化物**も発見された。原因は、木屑や樹脂の流入と、原材料がキズなどの欠陥で滞留したことであった

⑥金型内部には**成形屑**があった。対策として、金型メンテナンスの周期を短くし、定期清掃から都度清掃に変更した

⑦金型上部に設置された取り出し機のコンベア上に、ほこり（**繊維**）が積もっていた。ここは今まで定期清掃の範囲に入っていなかったため、定期清掃の範囲に入れた

こうした結果、異物不良はゼロになりました。

第1章 異物不良をゼロにするには

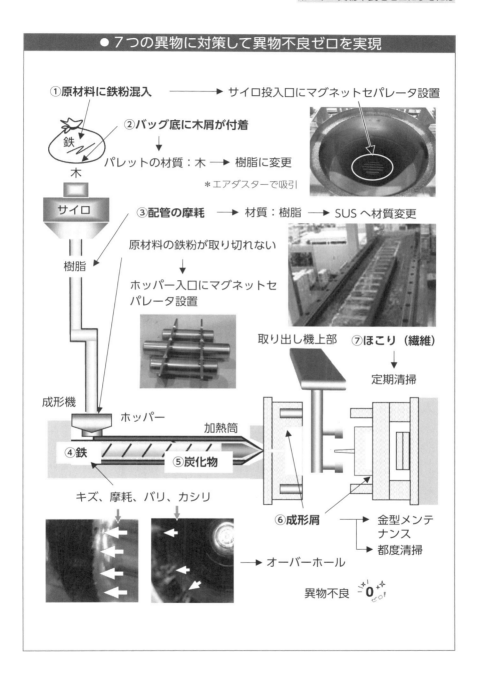

7 異物の発生源は６つあり、20の異物が発生する

　発生源とは異物を発生させる元であり、6つの発生源から20の異物を発生させます。それに対して、**対策は16**あります。

1．購入品

　原材料、部品、運搬具、通い箱、購入設備に金属、繊維、油、カーボン、屑が混入・付着して工場に入り込んできます。対策は、サプライヤーへ依頼、協力会社との共同改善になります。

2．材料

　生産するたびに、材料と反応生成物の残りが発生します。対策は、プロセス条件の見直し、設備の改造（構造、材質）、刃具・金型の寿命管理と各プロセス個別のものになります。

3．設備

　摺動部から金属、パッキン屑、ベルト屑が、接触部からパッド屑、チャックの摩耗粉、ブラシ屑が、給油部からは油が、また全体から錆が発生します。対策は、原則整備と給油管理になります。

4．人

　人から皮膚、髪の毛、汗が発生します。クリーンスーツ、アンダーウェア、マスク、手袋、清掃用ウェスから繊維が発生します。対策は、材質変更と寿命管理、行動規制、温湿度管理になります。

5．製品・部品

　製品・部品から、欠片、屑、粉が発生します。対策は、入れ物の構造変更、丁寧な手扱い、設備改造になります。

6．備品

　製品・部品の入れ物から、欠片、屑、粉が発生します。また、治工具からは摩耗粉、ダミーからは剥がれが発生します。対策は、洗浄、除電、寿命管理になります。

第1章 異物不良をゼロにするには

● 16の対策を打ち異物の発生を最小限に抑える

発生源 → 異物を発生させる元 → 対策：異物の発生を最小限に抑える

入れちゃダメ！

1. 購入品
①金属 ②繊維 ③油 ④カーボン ⑤屑
〇サプライヤーへ依頼
〇協力会社との共同改善

2. 材料
⑥材料の残り
⑦反応生成物の残り
〇プロセス条件の見直し
〇設備の改造（構造、材質）
〇刃具・金型の寿命管理

3. 設備
摺動部：金属 ⑧パッキン屑 ⑨ベルト屑
接触部：⑩パッド屑、チャック粉 ⑪ブラシ屑
給油部：油
全体：⑫錆
〇原則整備
〇給油管理

4. 人
人自身：⑬皮膚 ⑭髪の毛 ⑮汗
クリーンスーツ、アンダーウェア
マスク、手袋、清掃用ウェス ｝繊維
〇材質変更
〇寿命管理
〇行動規制
〇温湿度管理

5. 製品・部品
⑯欠片、屑、粉
〇入れ物の構造変更
〇丁寧な手扱い
〇設備改造

6. 備品
入れ物：⑰欠片、屑、粉
治工具：⑱摩耗粉
ダミー：⑲剥がれ
〇洗浄、除電
〇寿命管理
⑳虫

8 6つの伝達経路から異物は製品に至る

　6つの発生源から発生した異物は、**6つの伝達経路**を経て製品・部品に到達し、異物不良を発生させます。

　伝達経路対策は、発生源から発生した異物が製品・部品に至る経路を遮断することで、異物不良をなくす（少なくする）試みです。対策が容易なため早期に効果が得られ、加えて徹底清掃の効果を持続させるため、徹底清掃や発生源対策より先に行います。

1. 持ち込まれる

　サプライヤーや協力工場から持ち込まれる異物に対しては、マグネット（セパレータ）、フィルター、材質変更、洗浄・除電、準クリーンルームの設置で防ぎます。

2. 落ちる

　落ちてくる異物は、モノの置き方の工夫、受け皿・カバーの設置で対応します。

3. 気流に乗る

　気流に乗ってくる異物に対しては、まず気流を測定、可視化します。その後、制御してモノの置き方やカバーの設置、吸気で対応します。

4. 静電気に引き寄せられる

　静電気も測定し、帯電している部材は材質変更、部位にはイオナイザーで対応します。

5. 接触する

　製品・部品と設備の接触には部品交換を、人との接触ではクリーンな手袋の使用を、入れ物との接触では寿命管理を行います。

6. 再付着する

　設備の構造検討、防着板で対応します。液中異物に関しては、マグネット、フィルター、液循環で対応します。

第1章 異物不良をゼロにするには

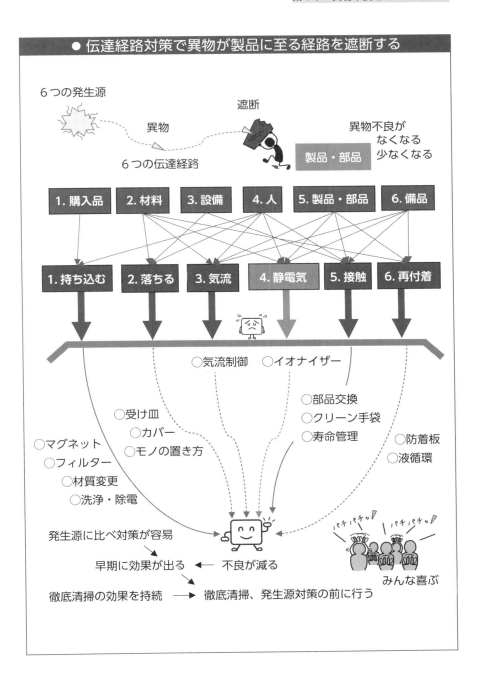

9 清掃をきちんとやってもらうには

異物不良が慢性化している現場では、4つの現象が見られます。

○清掃基準書がない

○あってもきちんと教育されていない

○清掃しても異物不良がなくならない

○生産が忙しいとやらない、適当にやる、エアブローが清掃

これらの現象は、「異物不良をゼロにできない」「人が足りない、忙しい現場」「従来のOJT式教育・訓練」という背景から発生しています。

これらの背景を考慮した上で**清掃をきちんとやってもらうには**、

○確実に異物不良をなくす、ゼロにできる清掃基準書をつくる

○忙しい生産の中でも短時間でできる清掃に改善する

○今の現場に適した（人がいない、忙しい）教育・訓練の仕組みをつくる

○生産計画に清掃の時間を盛り込む

ことが必要になります。

具体的には4つの手順で実施していきます。

1. 実態把握

今現場で実施しているすべての清掃を洗い出し、それに対し**清掃基準書があるか、効果はあるか、時間がかかり過ぎていないか**を調査します。

2. 改善

効果がない清掃基準書は、「異物ゼロへのアプローチ」でつくり直します。時間がかかり過ぎている基準は、清掃改善で時間を短縮します。

3. ビデオ清掃基準書の作成

改善した清掃基準書をビデオ化します。これにより、人がいない、忙しい現場でも時間の合間を縫って**自主学習できる環境**が整います。

4. 自主学習・実践訓練

作業者にビデオ清掃基準書により自主学習してもらい、「もう覚えた」と言ってきたら、やらせてみて（**実践訓練して**）、認定します。

第1章 異物不良をゼロにするには

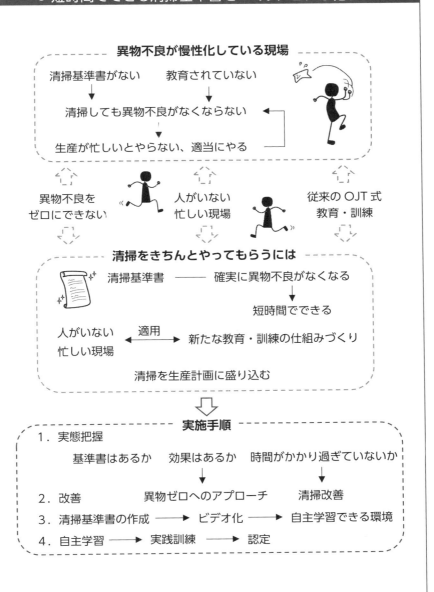

10 異物ゼロへのアプローチ

　異物ゼロの基本的な考え方を体系化し、具体的な進め方に展開したのが**異物ゼロへのアプローチ**です。7ステップで構成されます。

◆1ステップ：異物分析

　不良の現物から異物を採取、観察、分析し、異物の正体を突き止めます。

◆2ステップ：工程限定

　異物不良は発生工程と発見工程が違う場合が大半のため、マッピング、クリーンワーク流し、レファレンスの3つの方法で発生工程を限定します。

◆3ステップ：徹底清掃

　長年蓄積した異物を徹底的に除去し、異物のポテンシャルをゼロにすることにより異物不良をゼロにします。その際、異物を採取、観察、分析し、発生源と伝達経路を推定し、異物不良発生のメカニズムを明確にします。

◆4ステップ：発生源対策

　異物の発生源に対し、根本対策を打ちます。主な対策は、サプライヤーへ依頼、設備の仕様変更・原則整備・給油管理、クリーンスーツ、ウェスや材質選択と寿命管理、丁寧な手扱いなどになります。

◆5ステップ：伝達経路対策

　発生源で発生した異物が製品に至る経路を遮断します。主な対策は、マグネット・フィルター・受け皿・カバーの設置、気流制御、静電気対策、モノの置き場所、置き方の変更などになります。

◆6ステップ：清掃基準書の作成

　短時間で確実に異物不良をゼロにできる清掃基準書を作成します。その清掃基準書をビデオ化し、自主学習できる環境を整えます。

◆7ステップ：異物管理

　異物不良を外に出さない検査を実施します。1〜6ステップで得た知識をルール化し、守らせ、異物不良ゼロ状態を維持します。さらに、データで異常を検知し、復元と改善により異物不良をゼロ状態に戻します。

第1章　異物不良をゼロにするには

● 7ステップで異物不良をゼロにする

異物ゼロ基本的な考え方　→　体系化　→　異物ゼロへのアプローチ

1ステップ：異物分析

不良の現物から異物を取る

○物性
○大きさ
○形
○色

2ステップ：工程限定

発生工程　　　　　発見工程

ワーク　‐‐‐→　ワーク

3ステップ：徹底清掃

・蓄積異物を徹底的に除去　──→　異物不良ゼロ

・異物を採取　　＊異物不良発生メカニズムがわかる

発生源がわかる　　　　　　　伝達経路がわかる

4ステップ：発生源対策　発生源　　**5ステップ：伝達経路対策**

根本対策を打つ　　　　　　　異物を遮断する

6ステップ：清掃基準書の作成

短時間でできる清掃基準書をつくる

自主学習ができる環境をつくる

7ステップ：異物管理

○異物不良を外に出さない

○得た知識をルール化 ──→ 守らせる

○データで異常を検知 ──→ 復元/改善

異物不良ゼロ状態を維持

29

'11 異物の経験則を活用する

　異物ゼロへのアプローチで、実際に異物不良をゼロにした経験から生まれた考え方や管理ルールが異物の**経験則**です。経験則を使うことで、他社の経験を自社の知識として使うことができ、異物ゼロへのアプローチを一からやらなくても同等の効果が得られます。

　具体例を紹介します。

　電子部品をつくっているＡ社では3年前に立ち上げた設備（スパッタ装置）から異物が発生し、生産開始以来、歩留りが85.3％で低迷していました。そこで、「異物ゼロへのアプローチ」を実施しました。

　その結果、不良を発生させている異物が鉛とチタンであることがわかり、その異物がダミーから剥離したものということを突き止め、ダミーの管理基準を決めました。その結果、歩留りが8.1％向上し、年間30,194,280円の効果を引き出すことができたのです。

　一方、同じ設備で同じような製品をつくっているＢ社ではすでにダミーの管理を実施し、歩留りも95.1％と高レベルで維持していました。ダミーの使い方も試し打ちを1回したら再使用を不可とし、そのダミーは別の目的である共洗い用ダミーとして使用し、その使用ルールも細かく決めていました。

　これは、Ａ社が決めた管理基準の不完全さを示す情報でもあり、そのうち同じ異物不良が再発する可能性があることを示唆しています。Ａ社の改善は成功しましたが、3年間で1億円近い損害を出しました。Ａ社がＢ社の経験則を知って自社に適用していれば、こんなにロスを出さなくても済んだのです。「知らない」ということは大変恐ろしいことです。

　経験則を「スタートアップリスト」と「現場チェックリスト」という帳票にして、巻末に添付しました。それらを活用し、今悩んでいる異物不良をゼロにし、今不良をつくっていることで発生している仕損費と修理費のムダ、さらにはその対策のために今後使う時間のムダを削減してください。

第1章 異物不良をゼロにするには

● 経験則を使い、ムダを削減する

異物ゼロへのアプローチ → 異物不良 0ゼロ！ 考え方／管理ルール } 経験則
↓
効果 ← 他社の経験を自社の知識として使う
対策 ← 不良のムダと時間のムダを削減

【A社：電子部品製造】

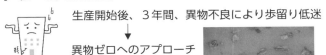

生産開始後、3年間、異物不良により歩留り低迷
↓
異物ゼロへのアプローチ

歩留り：85.3%

この差の原因は？

原因：ダミーの膜剥離 ← 異物：2種類：鉛とチタン

使用回数を3回に制限
↓
歩留りが 8.1% 向上
↓
年間 3,000 万円以上の効果

【B社：同じ設備で同じような製品をつくっている】

歩留り：95.1%　ダミーの管理基準あり

1. 先行試し打ちダミー
　○再使用不可 → 1回使用後
　　　　　　　　⇩
2. 共洗い用ダミー
　○使用後、毎回洗浄
　○保管はクリーンベンチ
　○使用限界：10回

3年間で1億円以上のロス

不良再発の可能性

初めから知っていれば…

31

column 1

思い込みを捨て、ステップ通り実施する

　クリーンルームで長く働いている現場のベテランやエンジニアは、実際の活動に入ると多くの場合、1度目は失敗します。原因は、**過去の経験からの思い込み**です。

　モノづくりには、要素技術と管理技術があります。**要素技術**とは、半導体、自動車、窯業、プラスチック成形など業界独自の技術であり、材料や生産プロセスに関する技術です。一方の**管理技術**とは、モノづくりを横串を通して管理する技術であり、設備管理、作業管理、そして本書で取り上げている異物管理があります。

　つまり、異物にはモノづくり全般に使える管理体系（考え方と進め方、ノウハウ）があり、それを駆使すればどんな業界でも異物不良をゼロにすることができるということです。

　にもかかわらず、クリーンルームで長く働いている現場のベテランやエンジニアは、自分たちの経験からの**思い込み**で、いきなり条件変更したり、現状分析や工程限定をせずに徹底清掃したり、根拠のない思いつきの発生源対策をします。その結果が失敗です。そこで初めて気づき、ステップ通りやり始め、最終的には成功します。

　今まで悩んでいた異物不良をゼロにするには、**過去の経験からの思い込みをいったん捨て、ステップ通り実施する**ことが大切です。

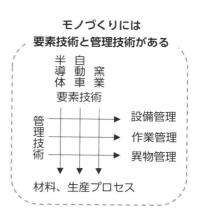

第2章

異物不良を一発でゼロにする徹底清掃

1 準備はしっかりする

　徹底清掃は一大イベントです。そうそう何度もやってはいられません。「**たった1回しかないチャンスを確実にものにする**」という気持ちでしっかり準備します。

　準備項目は、15項目あります。

☐清掃を行う対象工程・設備・ユニットを明確にする

☐1人ひとりの清掃担当エリアを決め、時間、仕上がり具合を明確にする

　　清掃中、異物の撮影、採取、清掃のビデオ撮影をする担当を決めておく

☐清掃するための服、ヘルメット（帽子）、マスク、手袋を準備しておく

☐清掃ウェスの材質を検討し、準備しておく

☐清掃用具、工具、養生シートはきれいなものを必要数だけ準備し、リスト化し、担当エリアごとに分けておく

☐分解清掃するために設備、配管の図面を準備しておく

☐掃除機は内部を清掃し、フィルターを新品にしておく

☐異物を採取するビニール袋、テープを十分な数、準備しておく

☐異物、特に反応生成物を除去する化学物質を把握し、準備しておく

☐汚れの激しいもの、異物を巻き散らかすものの洗浄場所を決めておく

☐清掃前の異物不良率を把握しておく

☐清掃前に清掃対象エリアのパーティクルを測定しておく

☐異物を撮影するデジタルカメラ、清掃作業を撮影するデジタルビデオを1エリアに1台準備しておく

☐清掃担当場所で災害ゼロへのアプローチを実施する

　　立ち下げ手順を作成し、エネルギーゼロ状態にする操作を試しておく

　　清掃時のKYTを実施し、タッチ＆コールの合言葉を決めておく

☐清掃の目的、基本、注意点、ウェスの使い方をあらかじめ教えておく

　準備後に、主要メンバーで清掃の順序に沿ってシミュレーションをします。そして、「もう大丈夫！」という確信を持ったら、徹底清掃に臨みます。

第2章　異物不良を一発でゼロにする徹底清掃

● 準備万端で1回しかないチャンスを確実にものにする

徹底清掃
↓
全ラインを止め、全員で行う
↓
失敗は許されない
↓
しっかり準備し、必ず成功させる

- ☑ 清掃対象
- ☑ 担当
- ☑ 服装
- ☑ ウェスの材質
- ☐ 用具、工具、養生シート
- ☐ 設備、配管の図面
- ☐ 掃除機
- ☐ 異物採取
- ☐ 反応生成物化学的除去方法
- ☐ 汚れの激しいものの洗浄場所
- ☐ 清掃前異物不良率
- ☐ 清掃前浮遊異物数
- ☐ デジカメ、デジタルビデオ
- ☐ 安全の確保
- ☐ 事前教育

担当エリアごとに分ける

工具にはナンバリング

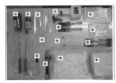

⇩

用具・工具リスト

⇩

清掃前後でチェックする

⇩

清掃順序をシミュレーション → 大丈夫！
↓
徹底清掃!!

1回しかないチャンスをものにする

2 事前に安全を確保する

「災害ゼロへのアプローチ」で事前に安全を確保します。

1. 立ち上げ・立ち下げ手順の作成と実施

災害の71％は非定常作業時に発生します。その原因は、設備がエネルギーゼロになっていない状態での作業です。

対策として設備の立ち上げ・立ち下げ手順をつくり、**全員**で**実施**します。ポイントは、「操作→確認→操作→確認を繰り返し、操作を確実に行う」「操作点と確認点を手順No.と対応させて図に示す」「設備、操作盤の実機にも手順No.を表示する」の3つです。

2. 安全装置の位置・動作確認

安全装置の位置と動作を確認します。安全装置があるべきところになかった場合には設置し、正常に作動していない場合には復元します。

3. 安全不具合点の洗い出し

設備の外観上危険だと思われる箇所を見つけ、リストに挙げ、徹底清掃までに対策します。徹底清掃までに対策ができない場合には、清掃開始時のタッチ＆コールのスローガンに掲げ、清掃開始前に注意を喚起します。

4. 薬液の扱い方の学習

徹底清掃では、固着した異物や複雑な形状の部品の異物を取り除くときに薬液を使います。そこで、安全な薬液を探します。取り扱いに注意を要する薬液は、危険性を知り、正しく扱うように注意します。

5. KYT（危険予知訓練）の実施

災害は、人の行動により発生します。ということは、人の行動により避けることが可能なことを示しています。その具体的な方法がKYTです。

清掃時に危険と思われる行動を25件挙げ、その中で最も危険だと思われる行動を選びます。それを避ける行動をスローガンとし、各作業開始前に全員で唱和することで、安全意識を常に喚起し続けます。

●「災害ゼロへのアプローチ」で災害の芽を摘む

1. 立ち上げ・立ち下げ手順 → エネルギーゼロ状態

3つのポイント
①確実に操作を行う
　操作→確認
　　↓
　　操作→確認
　　　↓
　　　…

②操作点、確認点を図で明確に示す

③実機にも表示

全員で行う

2. 安全装置 → 位置確認 → 動作確認 → 動作しない → 復元
　　　　　　　　　　↓　　　　　↑
　　　　　　　　　ない → 設置

3. 危険な箇所 → リスト化 → 徹底清掃までに対策 → できない
　×角が尖っている　　　　　　　　　　　　　　　　　　↓
　×頭をぶつけそう　　　　　最終的には対策 ← タッチ＆コール

4. 固着した異物／形状が複雑な部品 → 薬液を使う →
　〇配管、ジャバラなど
　　　　　　　　　安全な薬液を探す　　　取り扱いを勉強

5. KYT（危険予知訓練） → 災害を人の行動により避ける

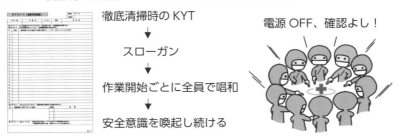

徹底清掃時のKYT
　↓
スローガン
　↓
作業開始ごとに全員で唱和
　↓
安全意識を喚起し続ける

電源OFF、確認よし！

3 徹底清掃には3つの基本がある

徹底清掃には、3つの基本があります。

1．分解しながら清掃する

長年悩まされている異物は、カバーの内側、部品間、部品内、配管内など普段見ないところ、いつもは清掃しないところに潜んでいます。ですから、徹底清掃では分解しながら清掃します。

養生シートを敷き、ユニット、部品を分解した順に並べていきます。ボルト、ナットは、それを外したユニット、部品ごとにまとめてトレイに入れ、外したユニット、部品の近くに置いておきます。組立時にはそれを逆の順序で組み立てます。そうすることにより、組立ミスがなくなり、組立時間も短くなります。

ユニット、部品を並べたら、1つずつ異物を除去していきます。部品間に入り込んでいる異物も確実に除去します。

2．4パターンを使いこなす

清掃には、**吸う、拭く、剥がす、溶かす**の4パターンがあります。実際の清掃では、この4パターンの中から最適な方法を選択し、組み合わせて行います。拭いても剥がしても落ちない異物は、薬液で溶かします。

清掃は異物を発生させる行為にもなります。そのため、吸うより拭く、剥がすより溶かすというように、異物の発生が少ない方法を選択します。

3．清掃の質を上げる

清掃の質は、**役割分担、道具、仕上げ基準**で決まります。

清掃する前に清掃範囲（場所）と役割分担を決めます。そして、その範囲にある異物を完全に除去する方法、道具をあらかじめ準備し、それぞれの担当に教育しておきます。

仕上げ基準は、どこまで異物が落ちたら清掃を終了とするかの目安になります。徹底清掃の前と後で写真撮影し、次の清掃時の基準とします。

● 基本さえ守っていれば異物は確実になくなる

1. 分解清掃

長年悩まされる異物は、<u>普段見ない部分</u>、<u>清掃しない部分</u>に潜んでいる

設備を部品レベルまで分解　→　カバーの内側、部品間、部品内、配管内

養生シート

養生シート上に分解したユニット、部品を順に並べる
ボルト、ナットもユニットごとにトレイに入れておく

組み立てるときは逆から組み立てる

1つずつ異物を除去　→　部品間に入り込んでいる異物も確実に除去する

○組立ミスがなくなる
○組立時間も短くなる

2. 4つのパターン

吸う　拭く　剥がす　溶かす

────── 落ちない ──────→

○最適な方法を選択
○組み合わせ

清掃は異物を発生させる行為にもなり得る　→　○吸う→拭く
○剥がす→溶かす

異物の発生が少ない方法を選ぶ

3. 3つの要素

| 清掃の質と量 | = | 分担 | × | 道具 | × | 仕上げ基準 |

清掃の3要素

清掃前に、清掃の範囲（場所）、役割分担、道具、仕上げ基準を決める

4 清掃場所、服装・用具、汗の3つに注意

清掃する上で注意しなくてはならないことが3つあります。

1．エリア外清掃

清掃するとき、その清掃対象は当然汚れています。ですから、そのまま清掃すると異物が飛び散ります。その結果、清掃後に異物不良が大量発生することがあります。異物が暴れるという現象です。

それを防ぐために、「清掃時は異物が飛び散るので、設備全体を養生シートで被う」「分解した部位を置くために養生シートを敷く」「分解した部位は、クリーンルーム外に運べるものは運び、そこで清掃する」の3つのことを行います。それでも暴れる可能性があるため、徹底清掃は必ず仕上げ清掃で終了させます。

2．服装、用具に注意

清掃時の服装、用具に気をつけないと、災害が起きたり、清掃後に異物不良を発生させたりします。

服装としては、保護メガネ、マスク、手袋を必ず着用します。着方も、襟元がズレていないか、肌が露出していないかなど常時注意します。ウェスは最適な材質を事前に選択し、クリーンなものを十分な枚数（量）準備します。

3．汗に注意

実際の清掃では汗をかくことがありますが、清掃対象に汗を垂らすと**ナトリウム汚染**を起こす可能性があります。ナトリウムは酸化膜中に入ると、デバイスの特性に障害を与えることは一般的に知られており、汗はその最もオーソドックスな発生源です。

ですから、清掃をしている最中、「暑いな、汗をかきそうだな…」と感じたらいったん清掃をやめ、休憩して温湿度をチェックしましょう。汗によるナトリウム汚染は私も実際の現場で経験し、二度と経験したくない大失敗として27年経った今でも鮮明に覚えています。

● 異物を巻き散らさない、ケガに注意、汚染に注意

1. エリア外清掃

① 設備全体を養生シートで被う
② 養生シートを敷いておく
③ クリーンエリア外に運び清掃する

⇩

仕上げ清掃

2. 服装、用具に注意

しないと… 清掃中に災害発生！ ＋ 清掃後の異物不良発生！

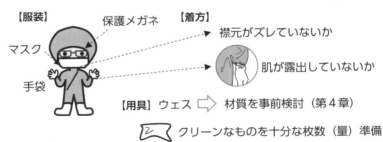

3. 汗に注意

清掃 → 汗を落とす → ナトリウム汚染
　　　　　　　　　　　　　　　　↓
　　大 失敗事例 デバイス特性に障害

「暑いな、汗をかきそうだな…」と感じたら休憩

温湿度チェック

5 全体一斉による徹底清掃

　全体徹底清掃は、工場の全エリアを対象に全社員で丸1日かけて行います。
具体的な清掃箇所は、

○床、台車、棚、治具、仕掛品置き場、エアコン（吹き出し口とフィルター）、天井（配管と配線）、マット、掃除機（中とフィルター）

○設備のカバー上面、カバー内側、ボックス上、扉の内側、ファン、普段清掃していないところ、手の届かないところ

○着替え部屋、床、棚の上、ベンチ、天井、粘着マット、靴底洗浄マット

○クリーンウェア（クリーンスーツ、クリーンブーツ）

○エアシャワー、吹き出し口、フィルター

などです。

　清掃直前に改めて**清掃の2つの目的**を教えます。

1．異物不良を出している異物を見つけ出す

　具体的な異物のサンプル、写真を見せて、どんな異物を見つけたいのかを伝えます。

2．徹底的に異物を除去する

　異物のポテンシャルを下げ、異物不良ゼロを達成するために、目の前にある異物を徹底的に除去して欲しいとお願いします。

　清掃中の**4つの留意事項**も伝えます。

○清掃前後の写真撮影、清掃前の異物収集、清掃中のリスト記入、清掃風景のビデオ撮影を忘れない

○異物が溜まっていてそれに驚いたとき、見つけるべき異物を見つけたとき、他の人たちにも声をかけてみんなにそれを見てもらう

○清掃中は適時休憩を取る。その際に、汗と服装の乱れをチェックする

○掃除機で吸い取った異物、使ったウェスはビニール袋に入れ、保管し、捨てないで取っておく

　以上の説明が終わったら担当箇所に各自で向かい、清掃を始めます。

● 2つの目的、4つの留意事項を頭に入れてから開始する

工場全エリアを全員で丸1日かけて清掃

着替え部屋から　　　　　　　　　　　　クリーンルーム内まで

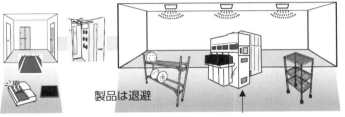

天井まで

製品は退避　　　　　　設備はばらして　　　　床から

置いてあるモノは1つ残らず

徹底的に異物を除去する

これまでの経験　　　清掃に夢中になり過ぎて、目的と記録を忘れる

【清掃の目的】

1. コノ異物を見つける！

2. 徹底的に排除!!

【留意事項】

1. 忘れない　　　――――　写真撮影、異物収集、リスト記入、ビデオ撮影
2. 声をかける　　――――　異物を見つけた、驚いた
3. 休憩を取る　　――――　汗に注意、服装の乱れをチェック
4. 異物を捨てない

6 プロセス系設備の徹底清掃

　プロセス系設備は反応室に材料を供給し、化学反応を起こさせ、残りの材料や反応生成物を排気するというプロセスを実現する設備です。しかし、排気すると言っても実際に完全に排気するのは難しく、どうしても材料や反応生成物の残りが異物として残りがちです。それが異物不良の原因となります。

　設備の構造としては、材料供給部、搬送部、反応室、排気部の4つのユニットで構成されます。供給部はボンベや集中供給装置と配管があり、搬送部はローダーとアンローダー、反応室は製品を搬入するシャッター、材料を供給するゲートバルブ、反応を起こさせる反応室で構成され、排気部は配管とポンプからなります。

　材料供給部は、配管、つなぎ目を清掃します。バルブは、劣化していれば交換します。搬送部では、摺動部から金属、油、設備間の接触による金属、製品と設備の接触による材料が発生します。それらを発見したら、異物を採取し、清掃、給油、部品の交換、精度出しを行います。

　反応室は最も大切な清掃箇所です。シャッターやゲートバルブの摺動部からは金属、パッキンの劣化によるパッキン屑が発生します。発見したら除去し、部品交換を行います。**反応室の内部（の壁）には反応生成物が付着**しています。それらは完全に除去します。

　排気部は清掃の困難さゆえに長年清掃していないところであり、その分**異物が蓄積**しています。特につなぎ目や配管が上がるところ、バルブは異物の蓄積しやすい部分です。配管はすべて外して清掃エリアから出し、溶剤に浸して反応生成物を除去します。その後、純水で仕上げ、乾燥させてから組み立てます。

　また、複雑な形状をしたバルブのような部品は超音波洗浄機で洗浄します。可能であれば、予備を持って交換し、時間をかけて除去します。ポンプは、予備と交換してオーバーホールします。

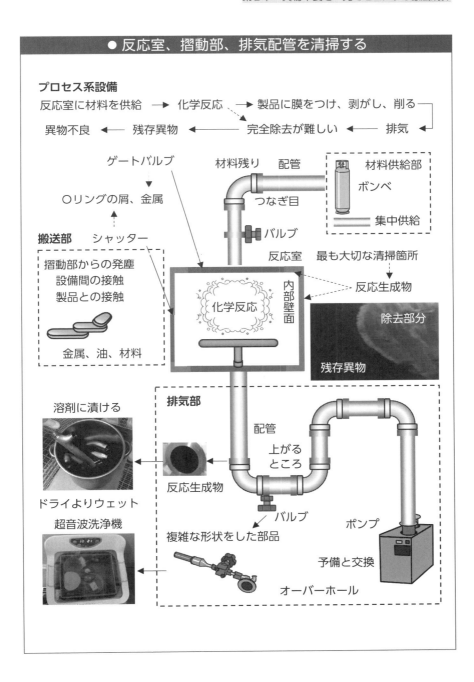

7 エアシャワーの清掃

　エアシャワーは、人に付着した異物（主に繊維）を取り除き、クリーンルームに持ち込むことを防止する大切な装置です。しかし、それだけに想像以上に汚れています。エアシャワーは、天井、入口・出口の扉枠、硝子窓、側面、ノズル、そして床という順序でセイム皮で水拭きし、最後に床マットを交換します。

　フィルターは、カバーを外し掃除機で吸います。フィルターに溜まった異物は分析します。実測値によると、1 mm以上の繊維が2,957個、0.2 mm以上の有機物が80個と膨大な数に上りました。この値がエアシャワーの必要性と清掃の重要性を示しています。徹底的に清掃した後、**1週間に1回清掃**します。

　しかし、エアシャワーだけでは靴底の異物は取れません。その対応として床に粘着マットを敷き、**1日に1回交換**します。汚れが激しいときには、随時交換します。

　しかし1日1回の交換が適切か、汚れが激しいかの判断ではあやふやです。そこで、エアシャワーの入口に光電センサー、カウンター、パトライトを設置し、ある一定数の人が入場したら交換を知らせている現場もあります。一定数は、入った数と汚れの相関で取り決めます。

　粘着マットがすぐ汚れ、定期交換では間に合わない場合があります。原因は、靴底の汚れです。実測値によると、靴底の異物は1 mm以上の繊維異物が190個、0.2 mm以上の有機物が5,538個という数になりました。それらの靴底の異物は粘着マットを汚し、その汚れが靴底に再付着してクリーンルームに持ち込まれます。

　その場合には、**靴底洗浄機**を設置します。洗浄後は、濡れた靴底を拭き取りマットで完全に水分を取ります。**靴底洗浄機と拭き取りマットも1日1回清掃**します。

　以上のように、エアシャワーが機能を全うするには清掃と交換が必要です。

46

第2章　異物不良を一発でゼロにする徹底清掃

● エアシャワーにより人が持ち込む異物を遮断する

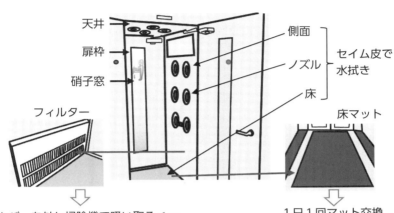

天井／扉枠／硝子窓／フィルター／側面／ノズル／床／セイム皮で水拭き／床マット／1日1回マット交換

カバーを外し掃除機で吸い取る

【実測】 5mm

こんなに異物が溜まっている

放置すると目詰まりを起こす

吸い取った異物は分析する

No.	物性	大きさ	形	色	数量
1	繊維	1mm以上	湾曲	白	2861
2	繊維	1mm以上	湾曲	赤	30
3	繊維	1mm以上	湾曲	青	
4	繊維	1mm以上	湾曲	茶	
5	繊維	1mm以上	湾曲	黄	1
6	繊維	1mm以上	湾曲	黒	4
7	有機物	0.2mm	塊	白	80

なに？

パトライト／カウンター 0020／光電センサー

定期交換ではマットの汚れに対応できない

靴底洗浄機 → 拭き取り（スポンジ）

これも1日1回清掃

○エアシャワー
○マット
○靴底洗浄機

人がクリーンルーム内に異物を持ち込むことを遮断する有効な手段 ⇨ 清掃と交換が必要

47

8 クリーンベンチの清掃

　クリーンベンチも徹底清掃の対象です。清掃は、クリーンベンチを稼働させながら行います。周囲からの異物の巻き込み防止と、清掃で舞い上がった粉塵をクリーンベンチ外に吹き出すためです。

　清掃前にクリーンベンチの上にあるモノをすべて排除します。製品は、清掃対象エリア外の保管場所に保管します。

　清掃は、①フィルターユニット、②奥の壁、③左右の側壁、④作業面、⑤外カバーという順序で行います。純水を染み込ませた**セイム皮**を使い、上から下へ奥から手前に異物を掃き出す要領で拭いていきます。

　セイム皮は、一度拭いたら清掃面を替え、次の部位に使います。全面使い終わったらもみ洗いします。

　清掃が一巡したら、異物が取り切れているかを**グリーンライト**で確認し、取れていない部分があったら再度拭きます。

　純水拭きが終わったら、**テクノワイプ**にエタノールを染み込ませ、水分を飛ばします。作業面がパンチングプレートの場合、その下も清掃します。

　フィルターユニット内のHEPAフィルターも交換します。次回の交換周期は1年後です。交換後は、風速計で所定の風速が出ているか確認します。10分間空運転し、クリーンベンチ内を乾燥させ、舞い上がっている微小粉塵を落ち着かせます。

　仕上げとして粘着ローラーで作業面上を清掃し、その後、純水を浸したテクノワイプで拭きます。クリーンベンチ横にマノメーター（差圧計）が設置してある場合は、適正圧になっていることを確認します。その後、クリーンベンチ上にあった製品を戻します。

　クリーンベンチというと通常は「クリーン」と思われがちですが、実際には汚れます。製品保管という大切な役割を担っているクリーンベンチの清掃は重要な作業です。

● 稼働させながら清掃する

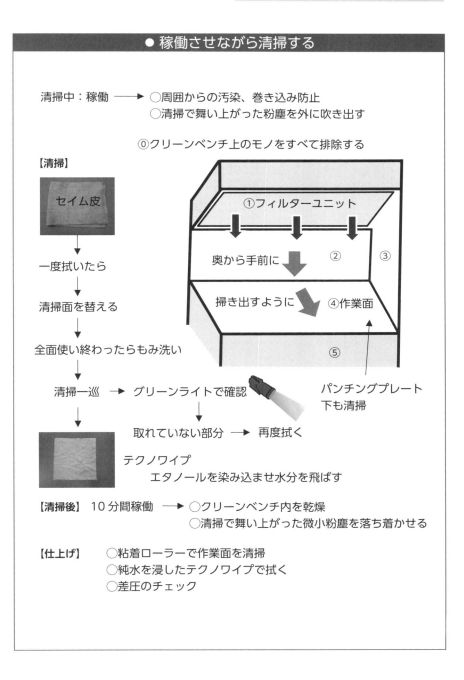

清掃中：稼働 → ○周囲からの汚染、巻き込み防止
　　　　　　　　○清掃で舞い上がった粉塵を外に吹き出す

　　　　　　　⓪クリーンベンチ上のモノをすべて排除する

【清掃】

セイム皮
↓
一度拭いたら
↓
清掃面を替える
↓
全面使い終わったらもみ洗い
↓
清掃一巡 → グリーンライトで確認
↓　　　　　　　↓
　　　　　　取れていない部分 → 再度拭く

①フィルターユニット
奥から手前に　②　③
掃き出すように　④作業面
⑤
パンチングプレート下も清掃

テクノワイプ
　エタノールを染み込ませ水分を飛ばす

【清掃後】　10分間稼働 → ○クリーンベンチ内を乾燥
　　　　　　　　　　　　　○清掃で舞い上がった微小粉塵を落ち着かせる

【仕上げ】　　○粘着ローラーで作業面を清掃
　　　　　　○純水を浸したテクノワイプで拭く
　　　　　　○差圧のチェック

9 見落としがちの４つの場所

徹底清掃をする上で見落としがちの場所が4つあります。

◆ 設備内部のカバーの中

乾燥炉などの設備は、保温性を高めるため設備の内部が二重構造になっています。その構造を理解していないと、設備本体とカバーの間に溜まっている異物を見逃します。

設備を清掃する場合には、清掃前に図面を確認し、設備内が二重構造になっていないかをチェックし、なっていたらカバーを外して清掃します。

◆ 製品トレイ

トレイを定期的に点検していない、清掃をエアブローで済ませている、洗浄していない職場では、徹底清掃の際に全トレイを点検します。

汚れ、欠け、破損などを区分し、使えるものと使えないものに分け、使えるものを洗浄、除電します。

欠けや破損のあるトレイは、異物を発生させるだけでなく、設備のチョコ停も引き起こすため排除します。

◆ 台車のタイヤ

エアシャワーの出入口に設置してある粘着マットに、台車のタイヤの跡がはっきりついているのをよく見かけます。

台車のタイヤは、移動のたびに帯電して床や床付近の異物を集め、発生源になります。そこで、純水をつけたセイム皮でタイヤを拭き、異物を除去します。

◆ グレーチングの下

グレーチングの下は、長年清掃していないと異物だらけになります。

ある職場では、髪の毛、テープ、ねじ、虫の死骸（なぜ？）などが発見されました。これらをきれいに除去して、清掃します。このような異物が直接異物不良に影響するかどうかの証明は難しいですが、清掃してきれいにすることで作業者の異物の感性を養うことができます。

第2章 異物不良を一発でゼロにする徹底清掃

● 普段見ていないところに異物が潜んでいる

10 仕上げ清掃の意義

　徹底清掃を行うと異物が舞います。それが、工程のありとあらゆるところに付着し、生産開始後、異物不良が多発することがあります。それを防ぐために仕上げ清掃を行います。

　対象は、天井、壁、設備のカバー、棚、台車、そして床です。セイム皮やクリーンワイプに純水を染み込ませ、自分の手で行います。仕上げ清掃する前の注意点は3つです。

　①清掃時のクリーンスーツから仕上げ清掃用クリーンスーツに着替える。もしくは、一度クリーンルーム外に出て再度エアシャワーを浴びる

　②靴底は溝の中まできれいに洗浄し、乾かす

　③手袋、マスクは新品にする

　これは、徹底清掃で汚してしまったクリーンスーツや靴、マスク、手袋の汚れを仕上げ清掃により転写しないためです。

　仕上げ清掃では、自分の担当した清掃エリアをします。最も大切なのは、**床の清掃**です。

　徹底清掃で舞い上がった異物は、時間が経つと床に落ちてきます。清掃中に作業者が行き交った靴底の汚れが残っています。それらをモップやコロコロを使わず、自分の手でどんな異物が落ちているかを確認しながら除去します。

　最後に粘着マットを交換します。仕上げ清掃で使ったセイム皮やクリーンワイプは、捨てずに取っておき、異物を分析します。

　仕上げ清掃を終え、ダストカウンターで浮遊異物が収まったのを確認し、必要であればダミーを流してから生産を開始します。仕上げ清掃を怠ると、異物が暴れるという現象を起こします。最後の最後まで気を抜かないで完遂してください。

　なお、仕上げ清掃は定期的に行っても有効です。人から発生した繊維を取り除くことができるからです。プロセス、設備の定期清掃に工程全体の仕上げ清掃を加えることにより、異物のポテンシャルの増加が抑えられます。

● 最後の最後まで気を抜かない

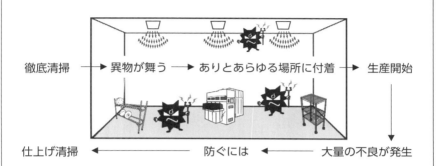

【対象】天井、壁、設備のカバー、棚、台車、床

【方法】セイム皮やクリーンワイプに純水を染み込ませ、自分の手で行う

【仕上げ清掃する前の注意点】

　①清掃時のクリーンスーツを着替える
　　もしくは、いったんクリーンルーム外に出て、再度エアシャワーを浴びる

　②靴底は溝の中まできれいに洗浄し、乾かす

　③手袋、マスクは新品にする

【担当】自分の担当した清掃エリア

☆　最も大切なのが床清掃　☆

　徹底清掃で舞い上がった異物　──▶　時間が経つと床に落ちてくる

　清掃中に作業者が行き交った靴底の汚れ　──▶　床に残っている

　　　　　　自分の手でどんな異物が落ちているかを確認しながら除去

　仕上げ清掃したクリーンワイプは捨てずに取っておき、分析 ◀──

【生産開始】浮遊異物が収まり、生産前にダミーを流した後

'11 清掃を記録する

　徹底清掃時には、異物の撮影と採取、3つのリストの作成、清掃作業のビデオ撮影という3つのことも同時に行います。

1．異物の採取

　清掃する前に、清掃対象箇所の汚れ（異物の付着）の状態を写真で撮影します。清掃終了後の状態も撮影します。この写真は、清掃の仕上げ基準に使います。

　清掃する前に異物をテープで採取し、除去した異物はビニール袋に入れ保管し、発生源の推定に使います。

2．3つのリスト

　(1)発生源リスト

　異物の存在している場所と状態、正体もわかる範囲で記入します。発生源対策、伝達経路対策に使います。

　(2)清掃困難箇所リスト

　清掃に時間がかかった箇所、清掃しにくいと感じた箇所を記録し、かかった時間を記録します。清掃中に改善のアイデアが浮かべば、それも書き留めておきます。

　このリストで上げられた場所が、清掃改善対象となります。

　(3)劣化リスト

　設備の劣化により、異物を発生させているユニットや部品を発見したら、記入します。劣化により異物が発生していた場合には、発生源リストにも記入します。

　このリストは、発生源対策、設備点検基準書作成のベースとなります。

3．清掃ビデオ

　徹底清掃をビデオで撮影します。清掃の順序に従い、異物を発見したら撮影し、清掃しにくいところがあったらどう清掃しにくいのかを声に出して録音します。このビデオは、徹底清掃基準書作成のベースとなります。

● 3つのことを同時に行う

1. 異物の採取

1. 汚れ（異物）の状態を写真に撮る
2. 異物を採取する

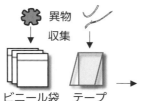

異物収集

ビニール袋　テープ

→ 記録：日付、工程、装置、号機、採取場所、収集者

2. 3つのリスト

【発生源リスト】→ 発生源対策、伝達経路対策に使う

| No. | 場所 | 状態 | 数 | 重さ | 物性 | 大きさ | 形 | 色 | 写真（現物） | 正体 |

その場で書く　　　　　　　　　　清掃後に書く / 貼る

【清掃困難箇所リスト】→ 清掃基準を作成する際の清掃改善対象作業となる

| No. | 場所 | どのように清掃しにくかったか | どうしたら清掃しやすくなるか | かかった時間 | 対策の必要性 |

その場で書く　感想を書く　　やりながらアイデアが出たら書く　清掃後に書く / 判断する

【劣化リスト】→発生源対策、設備点検基準書作成に使う

| No. | 場所（ユニット／部品） | 発生していた異物 | 劣化の原因 | 強制／自然 | 次回点検 | 写真 |

その場で書く　発生源リストにも記入する　清掃後に判断する / 貼る

3. 清掃ビデオ

清掃の部位ごとに
- ○清掃開始を宣言
- ○清掃しにくい場所を言う
- ○清掃終了を宣言

清掃しにくい

12 結果をまとめる

徹底清掃で収集したモノ、情報をまとめます。

◆ 発生源を推定する

徹底清掃で採取した異物の現物を分析し、異物不良から採取した異物と照合して、発生源を推定します。また収集した場所ごと、異物の正体ごとに数を数え、重さを測って分類します。

分類した異物のうちの1つを取り出してデジカメや顕微鏡カメラで撮影し、異物の正体と合わせてレファレンスを作成します。レファレンスは、異物不良が発生したときに、発生源を推定するために使います。

採取した異物は、すべて保管しておきます。

◆ 発生源マップを作る

大きな紙に工場、工程のレイアウト、設備の構造図を描き、採取した異物を入れたビニール袋、テープ、写真を貼り、全体が鳥瞰できるようにします。そこに、それぞれの場所や設備、ユニット、部品ごとに異物の正体、数、量も書き込みます。

これを発生源マップと呼びます。発生源マップは、レファレンスとともに異物不良が発生したときに、発生源を見つけるための資料となります。

◆ 清掃の改善箇所を洗い出す

清掃困難箇所リストから、発生源でありかつ清掃に時間がかかっている場所を洗い出し、清掃改善対象とします。清掃改善対象作業のビデオは後の改善のため抜き出しておきます。

◆ 部品の点検・交換周期を洗い出す

劣化リストから各部品の劣化の原因を推定し、強制劣化か自然劣化かを区分します。

自然劣化の場合には次回の点検日を設定し、強制劣化の場合には原因を追及し対策を実施した後に点検日を設定します。

第2章 異物不良を一発でゼロにする徹底清掃

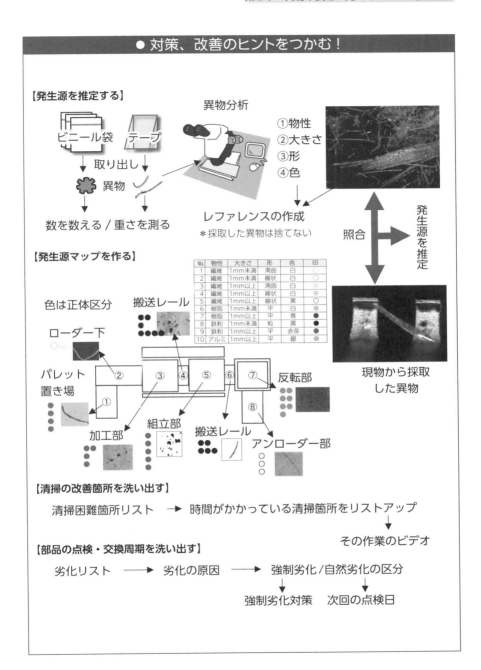

column 2

徹底清掃で異物との闘いのゴングを鳴らす

　異物不良ゼロ活動は、異物分析、工程限定という分析から始まり、徹底清掃という異物不良をなくすための実際の活動へと移っていきます。清掃前には全員が集まり、気合いを入れ、それぞれの現場に向かいます。

　実際の清掃風景を見ると、どこにいってもみんな一生懸命です。「清掃が好きなんだなぁ」と思います。そんなときには、何のために清掃しているのか、ここで異物を落としちゃダメ、服装の乱れ、汗厳禁など清掃の目的や注意事項などまったくお構いなく、ひたすら異物をゴリゴリゴリゴリ落とし続けます。

　休憩も、こちらから言わないと取らないぐらいです。それが、異物を落とし終わるまで続きます。その風景をビデオに撮り、1人ひとりが登場するように編集し、コメントを入れ、清掃の終わった後に全員に見せると、みんな自分たちがやったことに感動して拍手で終わります。

　全社一斉徹底清掃は、現場がキレイになったことによる爽快感、みんなで一緒にやったことによる一体感を与えます。そこに、異物不良がゼロになった事実が加われば、やり遂げたことによる満足感も加わり、マインドが一気に変わります。このマインドチェンジが、異物との長い闘いのゴングを鳴らします。

　徹底清掃の成否が、異物不良ゼロ活動の成否を左右します。

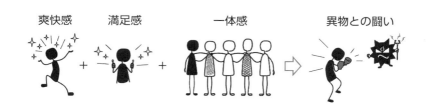

第3章 発生源対策で根本的に手を打つ

1 購入品により持ち込まれる異物への対策

　購入品により持ち込まれる異物に対しては、次章で取り上げる「伝達経路対策」で暫定的に防衛策を打ちますが、本来は異物を発生させているサプライヤーが異物を入れないという責務を負うべきです。

　購入品により持ち込まれる異物への根本対策は、サプライヤーへの依頼になります。

　サプライヤーが自社だけで改善できる場合には、**改善要求**を出します。具体的には、データ分析で異物不良の発生源が材料であると判明した場合、そのデータに異物の現物を添えてサプライヤーに改善要求をします。改善要求した後、データにより要求への対応をフォローします。

　次ページの図は、サプライヤーがユーザーに何の許可もなく材料の配合を変え、それにより異物不良が多発した例です。この際に気をつけなくてはならないのが、異物の混入に関して契約条件に載っているかいないかです。載っていない場合には、契約を見直した後に依頼します。

　サプライヤーが自社だけでは改善できない場合は、**共同改善**を進めます。異物を流出させている会社は、自社の部品に異物がついていることを知りつつ、それを除去するのが工数的に大変なため放置しているのが大部分です。そこで、自社で行っている拭き取りで実際にかかっているコストを知らせ、サプライヤーに暫定的に拭き取りをしてもらいます。

　しかし、そのままではサプライヤーの負担が大きいことはわかっていますので、共同改善に移行します。共同改善は、まずは現場の診断を行い、指摘、具体的な異物対策を一緒に行い、定期会議でフォローします。複数の会社で実施する場合には、改善事例紹介も行い、最終的に効果が出たら表彰します。

　自動車メーカーと協力会社共同で改善した事例を見ると、活動開始2カ月で流れ込んでいた異物はゼロになり、協力工場における拭き取り工数も1/10となって大きな効果を上げました。

第3章　発生源対策で根本的に手を打つ

● 改善要求と共同改善

購入品により持ち込まれる異物

↓

伝達経路対策で暫定的に防衛　→　本来の姿ではない、根本対策ではない

↓

根本対策：サプライヤーに異物を入れないように依頼

入れちゃダメ！

【改善要求】

データ分析　→　異物不良が多発　→　発生源が材料

根拠データと現物

↓

改善要求

↓

データによる対応をフォロー

異物損失金額［千円］

- その他異物
- ナイロン異物
- 難燃材
- PTT 異物
- 清掃不足
- 金型異物

【共同改善】

異物を流入させている会社　→　知ってはいるが
工数負担があるため放置

↓

暫定対策：拭き取らせる　←　実際にかかっているコストを知らせる

負担大！

↓

根本対策：共同改善

- ○現場診断
- ○具体的なアドバイス
- ○定期会議でフォロー
- ○改善事例紹介
- ○表彰

→　実施

異物数　　工数

流れ込み異物がゼロ＆拭き取り工数も1/10

61

2 材料から発生する異物への対策

　材料から発生する異物は、材料残り、反応生成物の残りです。これらは生産プロセスに密接に関係しており、個別に対策することになります。

　1つ目の事例を紹介します。

　半導体前工程のレジスト塗布装置では、10年間、生産5日目になるとゲル不良が多発し、そのたびに丸1日かけて清掃していました。しかし、清掃時間が長く、清掃してもゲル不良がゼロになるわけではなく、ロスが大きいために改善に取り組みました。

　まずは、徹底清掃をしました。その結果、ボトル内配管側面から塗布ノズルに至る経路4カ所でゲルを発見したのです。

　それらを除去し生産を再開したところ、初めの1日はゲル不良ゼロだったのですが、2日目から増え始めたので2回目清掃を行いました。その清掃でボトル内配管側面に付着する数カ所にレジストの被膜を発見し、ゲル不良の発生メカニズムを解明できました。

　○清掃後、レジストを塗布するたびにレジストボトルの水位が下がり、その際、配管側面にレジストの被膜が残る

　○その状態のままボトルだけを交換すると、新しいボトルの中で被膜が溶け出してゲル化し、ボトル内に拡散される

　○拡散したゲルが各つなぎ目に溜まりながら、最終的にはノズルまで運ばれ、ワークに塗布され不良を発生させる

　対策として、ボトル交換の際に従来の清掃では交換していなかった配管も交換することにしました。その結果、生産2日目で発生し始め、5日目で多発していたゲル不良がゼロになり、清掃周期を5倍の25日まで延ばすことを可能にしました。

　この配管交換はゲル不良の発生源対策となっていたため、大きな効果を得ることにつながったのです。

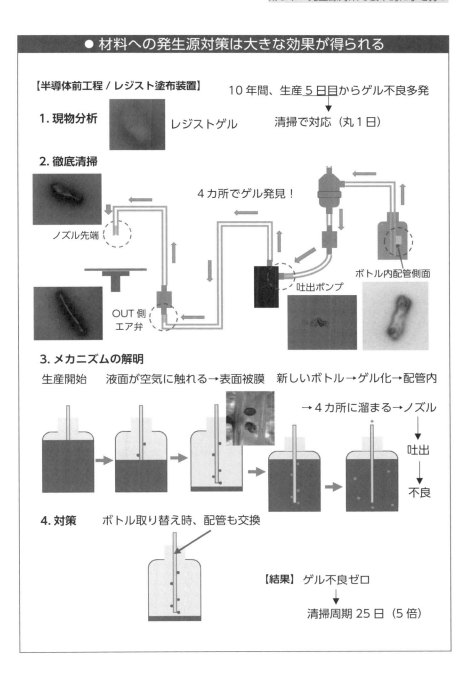

3 塗布機はノズル先端が発生源

　セラミックの成形工程では、慢性的に異物不良が発生していました。それも、毎ロット発生するというやっかいな不良でした。

　この工程では成形体を生産するときに、金型に流し込みます。そして離型後、金型を毎回洗浄機で洗浄していました。そのようなプロセスのため、「異物不良の原因は金型洗浄機だ」と決めつけ、洗浄槽の底を見ると異物が見えたことから、即、徹底清掃をすることにしました。

　徹底清掃は8人の作業者が丸1日かけて行い、異物も回収し、「明日からこれで大丈夫」と全員確信しました。しかし、次の日、異物不良はいつも通り発生し、自分たちがやったことがお門違いだったとわかったのです。

　そこで、「もう一度現場に行って、現場観察と設備点検をしよう」ということになり、さっそく作業者全員と担当スタッフで現場へ行きました。

　「このスプレーノズルの先端に凝縮物が付着している」とある作業者が言いました。それに対してスタッフは、「凝縮物は付着しているけど、昔から使っているから大丈夫」というのが答えでした。しかし、一応ということで先端に付着した凝縮物を採取し顕微鏡で観察してみると、大きさ、形が今発生している不良の異物と一致することがわかりました。そこで、その凝縮物を取り除き成形してみると、異物不良が出ないことも確認できました。異物不良の原因は、ノズル先端の凝縮物だったのです。

　異物不良発生のメカニズムは、

　○塗布を繰り返したノズルの先端に凝縮物が蓄積

　○ある量を超えるとスプレーの気流に乗り、凝縮物の一部が金型に付着

　○その次に成形する製品に凝縮物が転写

というものでした。

　対策としてノズル先端を毎回拭き取り、凝縮物を蓄積させないようにしました。その結果、長年悩まされていた異物不良はゼロになりました。最終的には、ノズル先端を自動洗浄する装置を設置する予定です。

64

第3章　発生源対策で根本的に手を打つ

● 現場をよく観る。対策は都度清掃、最終的には自動洗浄機の設置

【セラミック成形工程】毎ロット異物不良発生

金型洗浄機が原因と決めつけ　→　丸1日かけて徹底清掃　→　効果なし

現場観察

先端に異物を発見！　——→　除去して生産

大きさ、形
一致

不良の現物　　　　　　　　異物不良ゼロ

異物不良発生のメカニズム

エア　離型剤

塗布ノズル　　一定数
　　　　　　　塗布　　　　　　　　　　　　ある量を
　　　　　　　　　　　　　　　　　　　　　超える

噴霧　　　　　　　　　　凝縮物堆積

気流に乗る

金型

成形品

異物不良　←——　製品へ転写

対策：都度清掃：塗布ノズル先端（5秒/回）

異物不良 — 0 ゼロ！

65

4 設備から発生する異物への対策

　設備は、摺動部からは摩耗粉、接続部からは製品と部位の屑、給油部からは油、全体的に錆が発生します。これらの異物に対する発生源対策は**原則整備**と**給油管理**となります。

◆ 原則整備とは

　設備には各部位に求められる機能があります。それを**原理**と言います。そして、各部位を原理通り正しく働かせるための条件を**原則**と言います。

　原則が崩れると、異物が発生します。具体的には詰まり、漏れ、ゆるみ、伸び、ガタ、摩耗、キズ、変形、硬化という劣化が異物を発生させます。それに加え、ズレ、クリアランス、組付精度という精度不良は劣化を加速させます。

　また、材料や製品、部品、人から発生した異物（ごみ、汚れ）は劣化を加速させ、さらに異物を出すという悪循環をつくり出します。

　これら14の状態を復元（部品交換、調整）することを、原則整備と言います。原則を整備することにより異物の発生が収まります。

◆ 給油管理：給油の仕方

　摺動部の摩耗を必要最小限に抑えるのが給油です。給油が不足すると摩耗粉が発生し、給油せず放置しておくと錆が発生し、給油をし過ぎると油や油のミスト、粉が発生します。

　実際の給油では、前回に給油した油やグリースをすべて拭き取った後で給油部、潤滑部に給油します。終わったら、はみ出している、つけ過ぎの油を拭き取ります。

　給油部には飛散防止カバー、給油箇所の下に受け皿を設置し、給油後にカバーの内側や受け皿を清掃します。高速で動作するボールねじなどは、給油後に油のミストが発生するため飛散がなくなるまで空運転し、カバーを清掃してその後に生産に移ります。

第3章　発生源対策で根本的に手を打つ

● 原則整備と給油管理

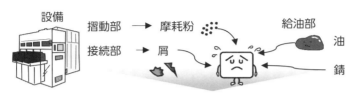

発生源対策＝原則整備＋給油管理

【原則整備】

原理：設備の各部位に求められる機能

原則：各部位が原理通り正しく働くための条件 → 崩れる → 異物発生！

劣化：詰まり、漏れ、ゆるみ、伸び、ガタ、摩耗、キズ、変形、硬化

　　　↑誘発　　　　　　　　　　　　　　　　　　　　　↑加速

精度不良：ズレ、クリアランス、組付精度　　異物：ごみ、汚れ

異物の発生が収まる ← 原則整備：14の状態を復元

【給油管理】

摺動部 → 摩耗を抑える → 給油　┬ 不足 ┬→ 摩耗粉
　　　　　　　　　　　　　　　│　　　├→ 錆　　┐異物
　　　　　　　　　　　　　　　└ 過給油 → 油　┘

給油前：古い油、グリースはすべて拭き取る（取り除く）
↓
給油
↓
給油後：はみ出している、つけ過ぎの油を拭き取る
↓
空運転　・高速で動作する摺動部は油のミストがなくなるまで空運転

よく見る風景

＊＊伝達経路対策：給油部にカバー、給油箇所の下に受け皿設置
　　　　　　　　　　　↓　　　　　　　　　　　　↓
　　　　　　　　　　内側の清掃　　　　　　　　清掃

67

5 原則の崩れにより異物が発生する

それでは、原則の崩れにより異物が発生した例を紹介します。

半導体前工程の薄膜形成装置では、異物不良が慢性化していました。発生している異物の形状から、ベテラン作業者とエンジニアは原因を排気配管からの異物戻りと推定し、丸1日かけて配管清掃しました。しかし、まったく効果は見られません。そこで、反省会を開き、原点に戻り「異物ゼロへのアプローチ」を手順通りに進めることになりました。

まずは、現物分析しました。その結果、今まで認識していなかった欠け状異物を見つけたのです。そこで2度目の徹底清掃を実施し、石英チャンバとSUSハウジングの間にある緩衝材（テフロン）の変形を発見し、石英チャンバと石英キャップの間で欠け状異物を発見しました。

この2つの発見により、異物不良の発生メカニズムが解明できました。

○石英チャンバとSUSハウジングの間の緩衝材（テフロン）が設備を稼働しているうちに圧力で変形し、

○石英チャンバと石英キャップがぶつかり擦れ、Si（シリコン）の欠けが発生し、

○それが成膜されて、「もこもこ状の異物」が発生し、チャンバが開くたびに舞うことでウェハに付着していた

今まで自分たちが見ていた「もこもこ状の異物」は、その欠けが成膜されたものでした。それを自分たちは形状から配管からの戻りに違いないと思い込み、いきなり配管清掃をして失敗したということがわかりました。

対策として緩衝材の交換をしたところ、月に8.95％発生していた異物不良がゼロになりました。この経験から、「思い込みによる対策は失敗する」「設備でモノをつくっている限り設備に強くないと（原理・原則を理解していないと）異物不良はなくならない」という2つのことを学んだのです。

設備で発生している異物への対策は、まず原則を整備し、その後に他の発生源について対策するという順序をとります。

第3章　発生源対策で根本的に手を打つ

● 設備に強くないと異物不良はなくならない

【半導体前工程 / 薄膜形成装置】

慢性異物不良　→　　→　排気配管からの戻りと推定　→　配管清掃（丸1日）

異物ゼロへのアプローチ　←　原点に戻り　←　まったく効果なし　←

1. 現物分析
大きさから見て改善対象異物

欠け1〜5μm　　もこもこ0.5〜2μm　　粒0.2〜0.5μm　　粉

👁 欠け状異物は今まで認識していなかった！

2. 2度目の徹底清掃
欠け状異物発見！　——→　メカニズム解明!!

緩衝材（テフロン）が圧力で変形（原則の崩れ）

↓

擦れて Si（シリコン）の欠け状異物が発生

↓

石英チャンバ
石英キャップ
SUS ハウジング

石英チャンバ

成膜　→　もこもこ

失敗　←　今まで自分たちが見ていた異物

3. 対策：緩衝材（テフロン）の交換

4. 効果

8.95%
大成功！
0
対策前　　対策後

6 見落としがちな重要部品

　プロセス系設備で発生する異物は主に材料残りと反応生成物残りですが、この固定観念からプロセス系設備において重要な役割を果たしている部品を見落としがちになります。

　2つの事例を紹介します。

　半導体前工程エッチング装置では、3年前から異物不良が散発し、材料残りと反応生成物の清掃をしてもなくならない状態が続いていました。そこで、「異物をすべて分析したか」「経験則からくる見落としはないか」「固定観念による決め打ちはないか」という3つの観点から改めて異物分析をしてみました。その結果、今までわかっていたアルミやデポ異物のほかに、マグネシウムとクロムが検出できました。

　その結果を受け、パーツリストからマグネシウムやクロムを材質として含む部品を見つけ、それがゲートバルブのOリングということが判明し、交換履歴を見ると5年間も交換していないことがわかりました。そこでそのOリングを交換したところ、異物不良が81％減少し、突発不良（バラツキ）もなくなったのです。

　半導体前工程で使うスパッタの原材料であるターゲット工場で、ある日突然、工場のありとあらゆる工程で大量の異物不良が発生しました。社内は大パニックです。すべての工程で徹底清掃してもなくならず、手詰まりの状態になってしまいました。

　そこで、原点に返って異物の物性分析をしたところ、ゴムとオイルが検出されました。ゴムとオイルであればOリングが怪しいと考え、すべての設備のOリングを点検した結果、原材料の調合機でオイルケースからのオイル漏れを発見しました。そのOリングを交換したところ、17.8％発生していた突発異物不良がゼロになりました。

　前項も含め、以上の事例からプロセス系設備では**Oリングが重要な役割**を果たし、**定期交換が必要**であることがよくわかります。

70

第3章　発生源対策で根本的に手を打つ

● Ｏリングは重要、定期交換する

【半導体前工程エッチング装置】　　　（固定観念）

　３年前から異物不良が散発 ━━▶ 反応室、配管清掃をしても収まらない

　従来のように対象を絞らず、すべての異物を分析

（固定観念）

C	Al	O
F	S	Fe
Cr	Mg	

新たにマグネシウムとクロムを検出 ━━▶ チャンバ内パーツ交換履歴をチェック

　　　　点検 ◀━ ゲートバルブが５年間交換していないことが判明！

大量の異物を発見

↓
　　　　　　　　　　　　　　　　　バラツキも減った
交換

↓

異物不良 81％低減

【半導体前工程ターゲット生産工場】

　工場のあちこちで異物不良発生 ━━▶ 大パニック！

異物分析 ◀━ 手詰まり ◀━ なくならない ◀━ 全設備徹底清掃

↓

ゴムとオイル

↓

すべての設備のＯリングを点検

↓

原材料調合設備でオイル漏れ発見！

↓

　　　交換 ━▶ 17.8％ ━▶ 0

71

7 人から発生する異物への対策

　人から発生する異物は、皮膚、髪の毛、汗、繊維の4種類があります。その中で最も注意しなくてはならないのが繊維です。繊維は、クリーンスーツ、アンダーウェア、マスク、手袋、ウェスから発生します。その中でのメインはクリーンスーツです。

　私が初めてクリーンスーツを着たとき、無塵着とフード、ソックス、安全靴は分離していました。ジッパーは直線。マスクは装着タイプで使い回し。手袋も使い回しでした。

　それが、27年経った今、ふと気がつくと、無塵着に関する部分のすべてが一体化し、ジッパーは直線から斜めに変わり、マスクは使い捨て、手袋もアウターは使い捨てになっていました。これらの変化は、無塵着とフード、ソックス、安全靴とのこすれによる発塵、インナーからの繊維の噴出、マスクと無塵着の装着部分であるマジックテープからの異物の発生を最小限に抑える工夫が施された結果です。

　そのような変化の中、ある工場に行った際、腰の部分にエキスパンダーがついているクリーンスーツを見ました。今まで見たことがなかったので、エキスパンダーがついていることの効果と異物の発生量を、新クリーンスーツと比較してもらいました。

　その結果、

　○ストレッチ素材なしでも腰の疲れに対する影響はなし

　○繊維密度は20%アップ

　○摩耗耐電圧50%減

　○コスト60%減

というすべて良いデータが出ました。

　そこで、新クリーンスーツに替えたところ繊維異物不良が減りました。これらの経験からクリーン化技術は進化しており、クリーン用具は定期的な見直しが必要であることを学びました。

第3章 発生源対策で根本的に手を打つ

● クリーンスーツの材質・形状の進化

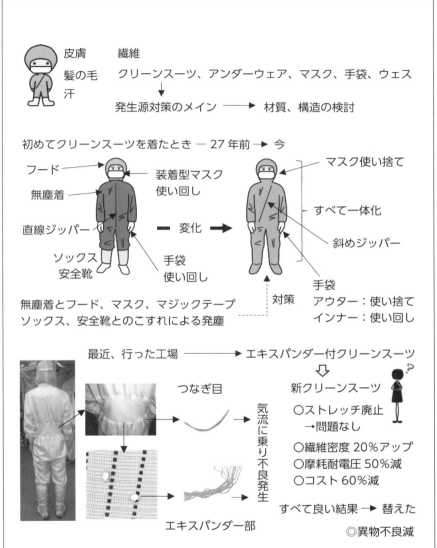

8 クリーンスーツの寿命管理

　クリーンスーツも使えば汚れますし、発塵もします。

　クリーンウェアにおいてマスク、頭髪用ネット、アウター手袋は使い捨てですが、クリーンスーツ、クリーンブーツは、洗濯しながら寿命まで使います。クリーンスーツとクリーンブーツの点検、補修、クリーニング、廃棄までの一連の管理をクリーンスーツの寿命管理と言います。

◆ 点検、補修

　クリーンスーツやクリーンブーツを着用する前には、時間の制約上細かい点検ができません。そこで、着用後に点検します。

　主な点検項目は、フードのほつれや破れ、スーツの襟元や手首の毛羽立ち、ブーツの毛羽立ちです。もし、毛羽立ちがあったらはさみでカットし、コテで仕上げます。

◆ クリーニング

　周期は、あらかじめ決めておきます。

　○油などで汚れる職場は毎日

　○汗をかき易い職場は3日に1回

　○通常の職場は1週間に1回

　○突発的に汚れてしまった場合には、その都度

　「見た目で汚れたら出す」「個人の判断に任せる」というのはNGです。

◆ 廃棄

　○クリーニングに出したが、汚れが落ちない

　○クリーニング回数が50回を超えた

　○ほころびが大きく補修ができない

　このような状態になったら廃棄します。

　ここで紹介した周期、回数は一事例です。実際には自分たちでやってみて、データ的根拠に基づいて決めます。

● 点検、補修、クリーニング、廃棄のルールを具体的に決める

クリーンスーツも使えば汚れ、発塵もする ──→ 寿命管理

【点検・補修】着用後に点検

1. フードのほつれ 破れ

2. スーツ（襟元）の毛羽立ち

4. 全身の穴

3. スーツ（手首）の毛羽立ち

5. ブーツの毛羽立ち

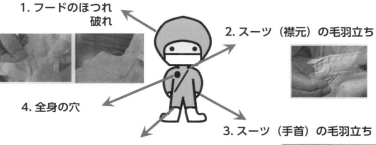

ブーツの毛羽立ち → はさみで切る → コテで仕上げる

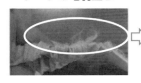  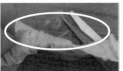

【クリーニング】
- ○油などで汚れる職場：毎日
- ○汗をかき易い職場：1回/3日
- ○通常の職場：1回/週
- ○突発的な汚れ：その都度

【廃棄】
- ○汚れが取れない
- ○クリーニング回数50回
- ○ほころびが大きい

ダメ！

見た目で判断

個人の判断

＊周期、回数は一事例 → 自分でやって決める

9 清掃用ウェスの選定と使い方

　異物不良ゼロを実現する最も強力な武器は清掃ですが、その清掃用具の中でも最も重要かつ注意を要するのが清掃用ウェスです。材質の選定をミスすることで発生源になり、使い方を間違えると伝達経路になり、清掃しながら逆に繊維を拡散してしまうことにもつながります。本章末のコラムで紹介していますが、繊維は最もやっかいな異物であり、ウェスの選択と使い方はその基本となるものです。

　活動を始めた工場で徹底清掃を実施する前に、今使っているウェスで清掃対象物を拭き、グリーンライトを当ててみたところ、一面繊維屑だらけでした。今まで何も気にせずに使っており、肉眼では見えないのでそのまま使おうかと思っていましたが、危なく徹底清掃で繊維を現場に巻き散らかすところでした。

　クリーンルームにおける清掃では、使い回し用としてセイム皮、使い捨て用として4辺処理タイプのクリーンワイプを使います。初めはセイム皮を使います。純水を浸して汚れが落ちるまで拭き、ある程度汚れたらもみ洗いします。使っているうちに、汚れが落ちなくなってきたら新品に交換します。徹底清掃前、連休前などのタイミングで全品新品に交換します。

　仕上げに、クリーンワイプにエタノールや純水を染み込ませて拭きます。仕上げ用クリーンワイプを使うときには、1つの面は一度の拭き取り、次に拭くときには拭き取り面を替えます。

　最近では使い回し用セイム皮を洗う手間がかかる、汚れが落ちない、交換周期が定めにくいなどの理由により、表面が凸凹していて耐薬品性に優れた使い捨てワイプを使うところも出てきています。その場合、それを使い頑固な汚れを取った後にテクノワイプで仕上げ、クリーンワイプで最終仕上げをします。

　以上のように清掃用ウェスの選択と使い方により、清掃の質と効率が上がります。

第3章 発生源対策で根本的に手を打つ

● 発塵量、使い勝手、コストで比較して選択する

材質の選択と使い方を間違える ― 清掃 → 繊維を拡散させる

今使っているウェスで拭いて

グリーンライトを当ててみると…

一面、繊維屑だらけ

【選定】セイム皮　　クリーンワイプ
使い回し　→　使い捨て 4辺処理タイプ　→　繊維屑なし!!

【使い方】初めにセイム皮　　　　　　　仕上げはクリーンワイプ
 → 　　　　→ →
純水を　　　汚れが落ちる　エタノール、純水　1面一度
染み込ませる　まで拭く　　を染み込ませる　拭き取り

汚れたらもみ洗い　　　　　　次に拭くときには拭き取り面を替える
↓
汚れが落ちなくなったら交換
徹底清掃、連休前清掃の前には全品新品に交換

　　　　　　　　　　洗う手間がかかる、汚れが落ちない
　　　　　　　　　　交換周期が定めにくい
　　　　　　　　　　⇩

使い捨てワイプ　　　　　　　　　テクノワイプ　　クリーンワイプ
○表面が凹凸　 → →
　>汚れが取れる
○耐薬品性（優）　頑固な汚れを取る　仕上げ　　最終仕上げ

清掃の質、効率が上がった

77

10 製品・部品から発生する異物に対する対策

製品・部品から発生する異物は、

○製品・部品同士がぶつかる、こすれる

○製品・部品と入れ物がこすれる

○製品・部品が設備と衝突する、接触する

○人の作業で製品・部品をぶつける、こする

ことで発生します。

　製品や部品がぶつかると、キズや欠けなどの不良が発生します。部品・製品同士のぶつかる、こすれることに対しては、製品・部品をまとめて取るのではなく1個ずつ取ることにより対応します。

　入れ物は複数の製品・部品を一緒に入れるのではなく、1個ずつ分離して入れる構造にします。材質も検討します。ただ、カーボン治具は手袋にカーボンの汚れがつきやすく、転写しやすい性質があり、採用には注意が必要です。

　設備との衝突・接触に対しては、**衝突しない、こすらない設備設計**をします。稼働中の設備は改造します。具体的には、インバーターによる速度制御、ストッパー、ローラーへの緩衝材の設置、搬送中に製品・部品を飛ばさない、落とさない構造に改造します。

　人の作業に関しては、当てない、こすらないといった**丁寧な手扱い**に徹します。それに加え、作業台上には柔らかなマットを敷き、もし当たっても異物が出ないようにして常にクリーンな状態を維持し、手扱いで周りに当てないように十分なスペースを取ります。

　製品は最終的には顧客に納めるものです。部品は、その機能を実現するものです。製品・部品を1つずつ丁寧に扱うという気持ちは異物に対する感性の一種と言えます。ですから、製品・部品は貴重品を手にする気持ちで扱います。

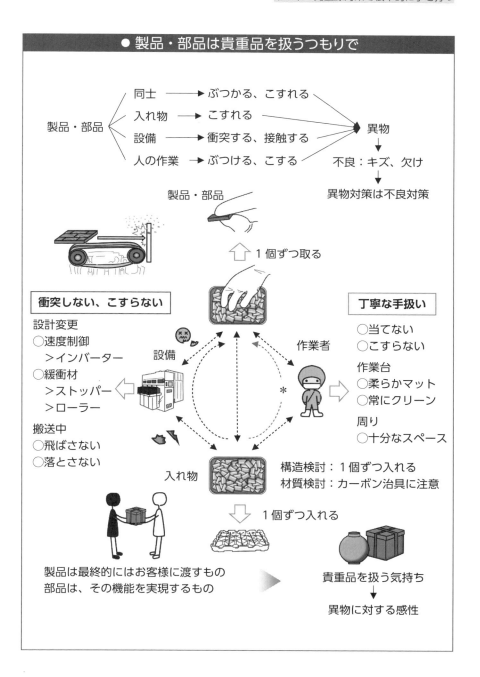

column 3

異物オリンピック 2019

　異物の中で最強なのは、繊維です。繊維と一言で軽く言いますが、その発生源は、クリーンスーツ、マジックテープ、インナー、手袋、マスク、ヘアキャップ、クリーンブーツ、ウェス、紙、バーインボードと10もあります。

　それらが「持ち込まれる」「落ちる」「気流に乗る」「接触する」の4つの伝達経路で製品・部品に運ばれてくるのですからたまりません。繊維は材質検討、気流制御、イオナイザー、行動規制で防ぎます。

　次にやっかいなのが、意外にもカーボンです。帯電せず耐火性も良く、加工も容易なため製品の入れ物や治具によく使われます。

　実際に使ってみると悩まされました。カーボンの細かい粉は、あらゆるところに付着して製品・部品に転写されます。カーボン素材の入れ物や治具は使わない方がよいでしょう。

　そして、汗が銅メダルです。汚染を引き起こす恐ろしい存在です。それに加え、「汗をかくな」と作業者に言っても、実際に汚染を起こすような汗は本人が一生懸命にやっているときに出ていることが大半です。温湿度管理、行動規制、1人ひとりの自覚で防ぐしかありません。

繊維：最強の異物
　　10の発生源と4つの伝達経路

材質検討、気流制御、
　　イオナイザー、行動規制で防ぐ

カーボン
　使わない方がよい

汗
温湿度管理、行動規制、
　1人ひとりの自覚で防ぐ

第4章

伝達経路対策で異物を遮断する

1 購入品異物の防衛策

　購入品により持ち込まれる異物に対しては、本来、サプライヤーに入れないように依頼するのが根本対策（発生源対策）です。しかし、現実的にはなかなか対応してくれなかったり、時間がかかったりします。

　そこで、異物を現場に入れない防衛策（伝達経路対策）を施します。

◆ 原材料に入ってくる異物

　鉄が入ってくる場合、マグネットで除去します。しばらく使っていると、マグネットに金属が堆積し磁気が弱くなります。定期清掃が必要です。

　繊維や屑が入ってくる場合、フィルターで除去します。フィルターを異物が通過する、あるいはすぐに詰まるという現象が起きる場合には多層フィルター構造にします。

◆ 運搬具に付着してくる異物

　運搬具（パレット）が木材であり、木屑不良が発生する場合、材質をプラスチックに変更します。梱包材（フレコンバッグ）の下部に木屑が付着してくる場合には、フレコンバックにカバーをつけます。

◆ 通い箱に付着してくる異物

　協力工場と通い箱で部品をやり取りし、金属、繊維、部品屑が持ち込まれることがある場合には、協力工場で毎回洗浄・除電してもらいます。

◆ 設備に付着してくる異物

　購入設備には金属、繊維が付着してきます。それに対して、一般環境で設備を純水に浸したセイム皮で拭き、金属を除去します。そして準クリーンルームに入れ、専用の台車に載せ変え、エアシャワーで繊維を取り除いてクリーンルームに搬入します。準クリーンルーム、エアシャワーがない場合には設置します。

◆ 部品に付着してくる異物

　部品に付着してくる異物に対しては、拭き取るか洗浄します。

● 5つの防衛策で異物を現場に入れない

【原材料に入ってくる異物】

鉄：マグネット

 使っているうちに

鉄が堆積する
↓
磁気が弱くなる
↓
定期清掃が必要！

繊維や屑：フィルター

 異物が通過する
すぐに詰まる

多層フィルター
構造にする

【運搬具に付着してくる異物】

パレット

 材質変更 プラスチック

フレコンバック

木屑　　カバー

【通い箱に付着してくる異物】

通い箱 金属、繊維、部品屑 → 毎回洗浄・除電

【設備に付着してくる異物】

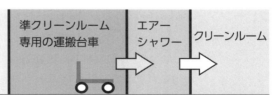

設備　一般環境　準クリーンルーム専用の運搬台車　エアーシャワー　クリーンルーム
セイム皮で金属除去

【部品に付着してくる異物】 ―――→ 拭き取る／洗浄

2 外から持ち込まれる異物を シャットアウト

1．ドアフィルターを設置

　A工場では、原料受け入れと調合室をシャッターで分けていました。その結果、開け閉めのたびに、閉めているときもその隙間から異物が入り込んでいました。

　そこで、原材料受け入れと調合工程の間に受け渡しスペースを設け、調合室の入口にドアフィルターを取り付け、入り込んでくる異物を防ぎました。

2．外気の取り込み禁止

　B工場の印刷工程では、工場立ち上げ以来、慢性的に異物不良が発生していました。そこで気流の調査をしたところ、外気導入口から異物が入り込み、壁を伝わって製品の上に載っていることがわかりました。

　対策として外気の取り込みをやめたところ、異物不良が0.18％から0.08％に減り、年間355万円も削減できました。

3．段ボール禁止

　C工場では、サプライヤーから送ってくる材料を、段ボール箱のまま供給に使っていました。その結果、段ボール屑が異物として不良を発生させていました。

　そこで段ボールをプラダンに変更し、内部にビニール袋を入れ毎回新品に交換したところ、異物不良がなくなったのです。

4．クリーンブースは自分でつくる

　外からの異物をシャットアウトするにはクリーンブースが有効です。

　調合工程ではフレコンバックから材料を人が送っていましたが、繊維異物が入り込んで不良の要因の1つになっていました。そこで自分たちでフレームを組み、帯電防止カーテンをかけてHEPAフィルターを設置し、内部を陽圧にしてクリーンブースをつくりました。

　その中に吸い込み口だけを入れて作業したところ、材料中の異物が12個から0個になりました。

84

第4章　伝達経路対策で異物を遮断する

● 外と内の区分はしっかりする

1. 原材料の受け入れ工程からの異物をシャットアウト

原材料
受け入れ

調合室

シャッター：外からの異物が入り込んでくる

ドアフィルター：外から入ってくる異物を防ぐ

2. 外気を取り込まない

外気導入口から異物が入り込む

気流調査

壁を伝わり

Machi!

製品の上に

外気の取り込みをやめる　→　0.18%→0.08%　355万円/年削減

3. 段ボールは持ち込まない

ダンボール箱で
原料⇔成形を
往復

プラダンに変更

紙屑＝異物

内部のビニール袋
を毎回新品に交換

4. クリーンブースの設置

HEPAフィルター（ブース内陽圧）

帯電防止カーテン

フレコンバックから材料を送る

繊維異物

自分たちで
クリーンブースをつくる

異物12個→0個/回

85

3 落ちる異物への対策

　落ちてくる異物は比較的重量が重く、上を見れば発生源がわかるという2つの特徴を持ちます（軽い異物は気流に乗ります）。この2つの特徴から落ちてくる異物への対策をします。

1. モノの置き方の工夫

　製品・部品の上に発生源がある場合、発生源を移動させるか、製品・部品を発生源の下から移動させます。たとえば、製品・部品の上に紙が置いてあれば別の場所に移動させ、作業台の下に製品が置いてあれば製品・部品の置き場所を変えます。

　できれば製品・部品保管棚を新たにつくり、そこに保管します。この場合、保管棚の構造、静電気対策、置き場所については気流と静電気の観点からの考察が必要となります。

2. 受け皿、カバーの設置

　発生源、製品・部品を移動できない場合には、製品・部品の上にカバーをつけるか、発生源の下には受け皿を設置します。この受け皿とカバーも、ただ設置しただけではダメです。

　自動車の塗装工程ではフックコンベアから油が落ちるため受け皿を設置しました。しかし、油の飛散コース、飛散範囲、落ちる量を確認せずに設計・設置したため、油が受け皿を超えて飛び散り、異物不良を出すことになってしまいました。

　受け皿やカバーは、設置すればそれでよいというものではなく、形状設計やメンテナンス性の追求が必要になってきます。特に清掃への配慮は重要です。どんな受け皿も汚れ、いつかはオーバーフローします。受け皿を清掃しやすい構造にすることで、マメに清掃ができるようになり、汚れやオーバーフローを防ぐことができます。

　繰り返しになりますが、落ちてくる異物は上から出現します。一見して製品・部品に発生源が認められるときは、移動させることが鉄則です。

86

第4章 伝達経路対策で異物を遮断する

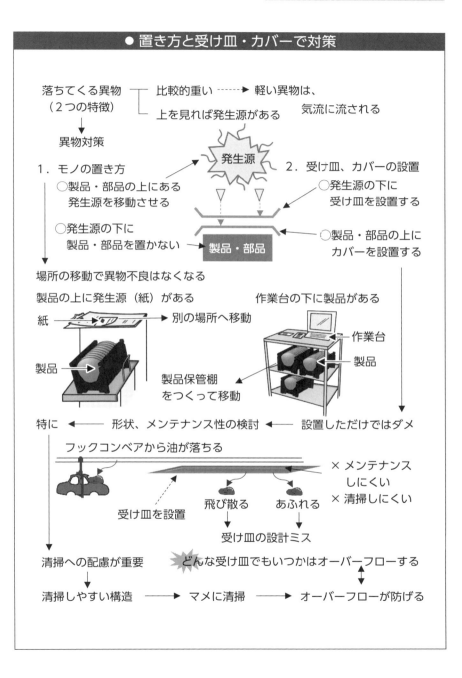

4 浮遊異物はどのくらい あるかを知る

　通常、空気中に漂っている異物は目には見えません。しかし、そうした目に見えない異物は確実に不良の要因になります。ですから、気流に乗ってくる異物の対策をする前に、まず、今、モノをつくっている空間にどのくらいの数の異物が浮遊しているのかを把握します。

　空気中に存在する異物の大きさと数をカウントする測定器が**パーティクルカウンター**です。

　測定原理は、計測器に内蔵されたポンプで空気を吸引し、吸引した空気中にある粒子（パーティクル）にレーザー光を当て、その散乱光をフォトダイオードで受けることにより数と大きさを測定するものです。パーティクルカウンターはハンディ型と据え置き型の種類があり、用途によって使い分けます。

◆ **ハンディ型：測定したいときに測定したい場所で測定**

　清掃前後、新設備搬入前後、月に1回、クリーン度を測定します。測定上の留意事項は3つです。

　○測定点（場所と高さ）を固定する

　○測定者を固定する：測定者によりバラツキがある

　○測定者は測定器の吸い込み口付近に顔を近づけない

　徹底清掃や装置搬入後は浮遊異物が大量に発生します。その場合には、仕上げ清掃し、パーティクルカウンターで浮遊異物の数を測り、その値が落ち着くのを待って生産を再開します。

◆ **据え置き型：常時測定**

　異物管理の厳しい工程・設備では、据え置き型を設置して常時測定し続け、異常時にアラームで知らせます。

　実例を見ると、数回データが跳ね上がっている場面があります。調査をした結果、休憩時の人の出入りと測定点付近での清掃作業が原因であることがわかりました。このように常時設置することにより、異常が発生した瞬間に検知でき、早期対応ができるようになります。

第4章　伝達経路対策で異物を遮断する

● パーティクルカウンターの役割

今いる空間にどのくらいの異物が存在するのか？

↓

パーティクルカウンター
空気中に存在する異物の大きさと数をカウント

今日は濃い…

空気を吸引

散乱光

集光レンズ

レーザー光　ポンプ

受光素子

【ハンディ型】
○清掃の前後
○新設備搬入前後
○1 回/月

留意事項：
○測定点を固定する
○測定者を固定する
○測定時吸い込み口に
　顔を近づけない

	2017 10月	2017 11月	2017 12月	2018 1月	2018 2月	2018 3月	2018 4月	2018 5月	2018 6月	2018 7月	2018 8月	2018 9月	2018 10月
●MAX	2100	300	400	300	600	2400	900	3400	1800	1200	1800	4000	2700
●MIN													
●AVG	1206	73.2	40.21	117.2	122.2	155.7	335.7	289.5	155.7	187.8	300	227.8	289.8

クリーン度
(㎥)

＊徹底清掃後、設備搬入後は、浮遊異物が落ち着くのを待って生産再開

【据え置き型】
○異物管理の厳しい工程・設備に常備　⟶　異常があったらアラーム

測定地点付近での清掃作業

休憩時の人の出入り

クリーン度 (㎥)

異常が瞬間に検知　⟶　早期対応

89

5 見えない気流を見る

　通常、気流は見えません。その気流を見えるようにするのが**気流測定器**です。気流測定器は、市販品を購入するか自分でつくります。

1．市販品を購入する

　水蒸気とスモークで測定する機器がありますが、スモークの場合はスモークが異物になる可能性があり、発火の危険性もあるため水蒸気測定器が一般的です。測定方法は、水蒸気の測定器を気流を測定したい場所に置き、ビデオで撮り、流れをつかみます。

　ただ、意外と使い勝手が悪く、よく見えないときがあります。その上ちょっと高価なので、自分たちでつくることをお勧めしています。

2．3つの方法で自分でつくる

(1)釣り竿法

　釣り竿の先に糸を垂らし、測定したいところに持っていき、ビデオや写真で撮ります。最も簡単で実用的な方法です。

　測定する糸は、クリーンスーツのほつれ補修用糸を使います。測定点は、床から30 cm、100 cm、150 cm、200 cm、天井から10 cm下にします。

(2)三脚測定法

　三脚の真ん中から糸を垂らし、方眼紙の上に置き、方向を方眼紙の目盛りで強さを糸の角度で測ります。測定結果は方眼紙の目盛りを読み、書き取って記録します。フロアの気流測定に適しています。

(3)タフト法

　多段すだれをつくり、測定したいところに置いてビデオ撮影します。乱流、気流の流れが激しいところ、刻々と変化するところを面でとらえることができ、大変便利です。

　以上、自分たちでつくることにより、測定器に不具合があった場合でも改善できるようになり、気流への理解も深まります。

● 気流測定器は自分でつくる

気流は見えない ⟶ 見えるようにする ⟶ 気流測定

1. 市販品を購入する

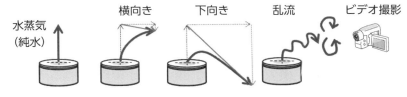

2. 自分でつくる

(1) 釣り竿法

糸の材質：クリーンスーツの補修用糸

測定点：床から 30cm、100cm、150cm、200cm
天井から 10cm 下

(2) 三脚測定法

フロア気流測定

方眼紙上に糸を付けた三脚設置
↓
2次元で方向と強さを測定

バナナスタンドを使った面白測定器

(3) タフト法

多段すだれ

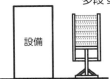

乱流、流れが激しい、刻々と変化する気流を面でとらえる

6 気流に合わせた設備レイアウトとモノの置き場所、置き方

　気流を測定したら気流マップをつくり、気流制御とモノの置き方の工夫を行います。

1. 気流マップ

　工程レイアウトに気流の強さ、方向を→（矢印）で描き込んでいきます。そうすることにより、気流制御、モノの置き方の工夫に対する課題が見えてきます。

　たとえば次ページの図で言えば、①気流の強いエリア、②強い気流を生み出しているモノ、③乱流になっている場所、④乱流を生み出しているモノがわかります。これらがわかれば対策できます。

2. 設備のレイアウトを決める

　気流により、設備のレイアウトを決めます。まず、無風、乱流になっているところは設備のレイアウトを変更し、整流化します。

　半導体前工程のようにクリーン度が高いエリアでは、クリーンなエアはウェハに当てることが必要となってきます。その場合、エアの吹き出し口から製品にクリーンエアは直接当たるように方向板を設置し、設備も配置します。これらの設備のレイアウトは通常、ラインの立ち上げ前に行います。

3. モノの置き場所と置き方の工夫

　気流の流れに対し、モノの置き場所と置き方も工夫します。

　製品置き場では、①気流を滞留させないために骨組みのみで構成、②骨組みはすべての部分に除電シートを貼る、③歩行による塵埃の巻き上げ防止のため、製品は床上50 cm以上に置く、④人が歩行しないところに設置するという4つの工夫をします。

　治工具台車も、①～③は同じで、その他に④必要な工具のみを置く、⑤工具同士がぶつからないレイアウトにする、という2つの点に留意して設計します。

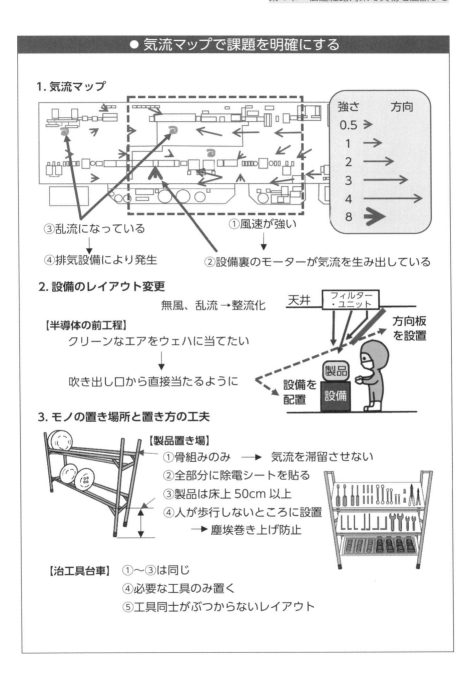

7 気流を制御する

　気流制御は、代表的な伝達経路対策の1つです。基本的な3つの気流制御方法を紹介します。

1. 邪魔板

　エアコンの強い気流は、設備や作業台に多くの異物を運び、その他の場所では無風状態や乱流を起こします。そこで、エアコンの吹き出し口に邪魔板を設置し、直接、設備や作業台に当たらないようにするとともに、無風・乱流状態を解消します。

2. カバー

　慢性的に異物不良が発生している設備の気流を測定したところ、エアコンの吹き出し口から出た気流が、まわりの繊維を設備の加工部まで運んでいることがわかりました。そこで、気流の経路にカバーを設置したところ、繊維異物不良が23%削減できました。

　気流を当てたくないところにはカバーを設置します。カバーは必要以上に大きくせず、気流の方向をとらえた最小限の大きさ、最適な形状にします。

3. 排気装置

　作業での繊維異物が慢性化していたので、気流調査をしました。その結果、エアコンの吹き出し口からの気流が人に当たり、人に付着していた繊維が気流に乗り、製品に付着することがわかったのです。

　そこで製品を取り扱う部分を囲い、排気ファンを設置しました。しかし、逆に繊維異物不良が増える結果を招きました。

　再度、気流の調査をしたところ、排気ファンの吸引により人だけでなくまわりの繊維も引き寄せていることがわかりました。その対応として開口部を狭くし、排気スピードを遅くしたところ繊維異物不良がなくなりました。

　排気装置は有効ですが、開口部の大きさ検討と排気スピードの最適化をしないと、かえって逆効果になることもあります。

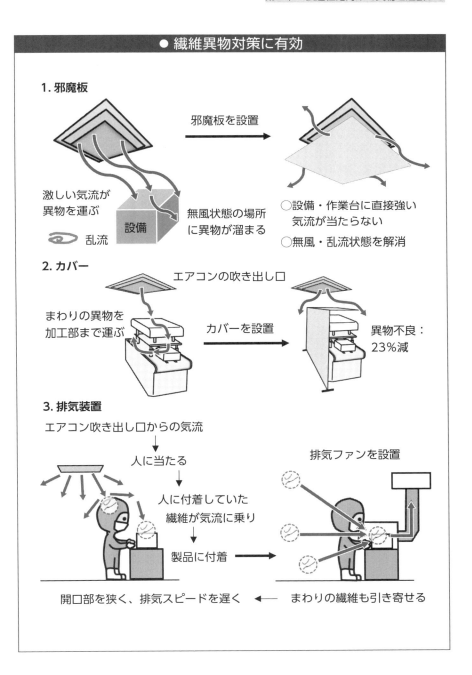

8 異物不良をゼロにしたいならエアブローは禁止

　異物不良をゼロにしようとしている現場では、気流の制御を台無しにする**エアブローは禁止**です。

　設備の清掃にエアブローを使っている現場をよく見ます。やっている人は、エアブローで飛び散った異物がどこに行ったと思っているのでしょう。飛び散った異物は工場全体に拡散し、設備や人に付着し、異物不良を発生させます。

　私がエアブローの危険性に気づいたのは、ブラウン管の製造工程でした。調査の結果、エアブローによって慢性不良が発生していました。

　複雑な形状をした製品・部品の異物を除去するために、エアブローを使っている現場もあります。しかし、エアブローでは細部の異物は取れない場合が多く、結局、製品・部品に付着した取れやすい異物をそのエリアに巻き散らかしただけという行為になります。

　吸引しながらエアブローをしている現場もあります。しかし、実験によると強力なエアの勢いに吸引力が負け、大部分の異物が吸引エリアの入口から外に出てしまい、クリーンスーツや他のモノにつき、床に落ちてエリア全体を汚していました。それにもかかわらず、肝心の製品・部品細部の異物は取れていませんでした。吸引エリア内でのエアブローは、一見良さそうに思えますが愚策です。

　エアブローを使うこと自体が、異物に対する感性が鈍い証拠です。これから異物対策をしようとする現場においては、どんな理由があろうとエアブローは禁止です。

　エアブローを使わない異物の除去方法は、除電バキューム、除電ローラーと、水分が製品や部品に影響がない場合には超音波洗浄機の3つがあります。3つの方法で除去・収集した異物は保管し、異物不良が発生したときに分析します。

　大切なことは、せっかく1カ所に溜まっている**異物を巻き散らかさないこと**です。

第4章 伝達経路対策で異物を遮断する

● 大切なこと：異物を巻き散らかさないこと

✕ 設備の清掃、部品・製品の異物除去にエアブローは厳禁

設備の清掃
異物が飛び散る → 工場全体に拡散
想像もつかない不良 ← 設備や人に付着

複雑な形状をした製品の異物除去
細部の異物は取れていない

✕ 吸引しながらのエアブローもＮＧ

【実験結果】

大部分の異物が外に出る
クリーンスーツにもつく
他につく
異物不良
製品・部品細部の異物が取れない
床に落ちる
エアブローを使うこと自体、異物の感性が鈍い証拠

⇩

【別の方法】 ← これから異物対策をする現場ではエアブロー禁止

○ 吸う　　　　　○ 拭く　　　　　◎ **洗浄する**

除電バキューム　　除電ローラー　　超音波洗浄機

除去・収集した異物は一時保管 → 異物不良発生時 → 分析し、対策

97

9 異物をつかまえる

　パーティクルカウンターでは異物の数と大きさを知ることはできますが、異物を収集することはできません。そこで、粘着マットとシリコンウェハを使い異物を収集し、正体を把握します。これを**面板測定**と言います。

　設置場所は、異物不良が発生している工程・設備付近、発生源と推定されるところ、気流が強いところ弱いところ、淀んでいるところ、乱流になっているところ、人の行き来が多いところ、製品・部品の保管棚、コンベアや吸塵機の動力源の近くです。

1. 粘着マットの設置

　粘着マットを設置し、浮遊異物が落ちてくるのを60分間待ち、回収できた異物を分析します。

　粘着マットは定期的に交換します。あまりにも汚れがひどい場合には、交換時間を短くし、暫定的な異物対策とします。

2. シリコンウェハ設置

　クリーン度の高い部屋、収集したい異物が微小な場合には、シリコンウェハを使って異物を収集します。測定点にシリコンウェハを設置し、24時間経過した後、面上の異物を顕微鏡やSEM（走査電子顕微鏡）、EDX（エネルギー分散型 X 線分析装置）で分析します。

　粘着マットに対してシリコンウェハを使うメリットは3つあります。

　○表面が平滑であり、測定、観察のバラツキが少ない

　○ウェハを洗浄することにより再利用できる

　○専門装置により画像処理や異物のカウントなどに手間がかからない

　設置は、通常の設置以外に清掃後、工事後にもします。清掃後、工事後には新しいウェハを設置し、通常レベルに戻るのを確認してから生産を再開します。

　粘着マットとシリコンウェハの使い分けは、シリコンウェハは製品の加工点、粘着マットはその他の場所となります。

第4章 伝達経路対策で異物を遮断する

● 面板測定で異物をつかまえ、正体を知る

 パーティクルカウンターでは異物の正体は突き止められない
↓
「粘着マット」と「シリコンウェハ」を使って異物を収集

【設置場所】○不良の発生工程・設備付近　　○発生源と推定される所
　　　　　　○気流が強い弱い、淀んでいる、乱流　○人の行き来が多いところ
　　　　　　○製品・部品の一時保管棚
　　　　　　○コンベアや集塵機の動力源の近く

1. 粘着マット

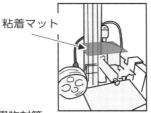

粘着マットを設置　→　60分待って回収
↓
異物分析

汚れがひどいとき　→　早期交換　→　暫定的異物対策

2. シリコンウェハ　　クリーン度の高い場所、収集したい異物が微小な場合

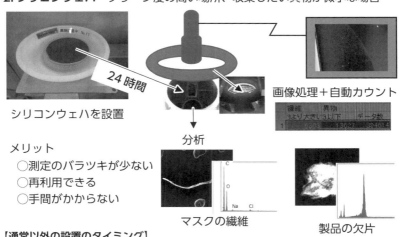

シリコンウェハを設置　　24時間　　分析　　画像処理＋自動カウント

マスクの繊維　　製品の欠片

メリット
　○測定のバラツキが少ない
　○再利用できる
　○手間がかからない

【通常以外の設置のタイミング】
清掃・工事後→ 新しいウェハを設置→ 通常レベルに戻るのを確認→ 生産再開

99

10 静電気の存在を知る

　静電気は、樹脂製のトレイ、シート、ハンマー、真空ピンセット、コンベア
のローラー、塗布機のノズル、配管を通る気体、液体、粉体と工場の至るとこ
ろで発生しています。そして、静電気は異物を引き寄せる伝達経路の1つとな
ります。

　意外な事例を紹介します。

　クリーンルーム内において、ウェハはクリーンベンチに保管します。その保
管時に、異物（Si：シリコン）がウェハ表面につくという品質事故が発生しま
した。原因を追及しましたが、クリーンベンチの中はクリーンな状態に保たれ
ており、原因と思えるものは見つかりませんでした。

　手詰まりになり静電気を測定してみると、クリーンベンチ内に吊り下げられ
ている真空ピンセットが、帯電していることがわかりました。これにより、ク
リーンベンチ内に吊り下げられていた真空ピンセットが、フィルターユニット
から吹き出された風により帯電し、その帯電した真空ピンセットによりウェハ
裏面に異物（Si）を付着させ、その裏面異物が表面に回り込んで異物不良を出
していたことがわかりました。

　この後、改めて静電気について調べると、「気流で静電気が起きる」という
ことが書いてありました。このように、静電気に関する知識がないと、予期せ
ぬ異物不良を出すことになります。

　静電気をなくすには、まずは静電気の存在を知らなくてはなりません。その
装置が静電気測定器です。

　静電気測定器は、ワークは帯電すると電界を発生するという性質を利用した
装置です。すなわち電界測定センサーで検知し、それを電圧に換算し直して表
示しています。使い方は、測定器から発するレーザーマークを導体に当ててゼ
ロリセットし、その後、被測定物に当てて測定します。

　使い方を覚えたら、ラインの静電気を測定します。測定箇所は主に製品・部
品の通るパスラインです。

100

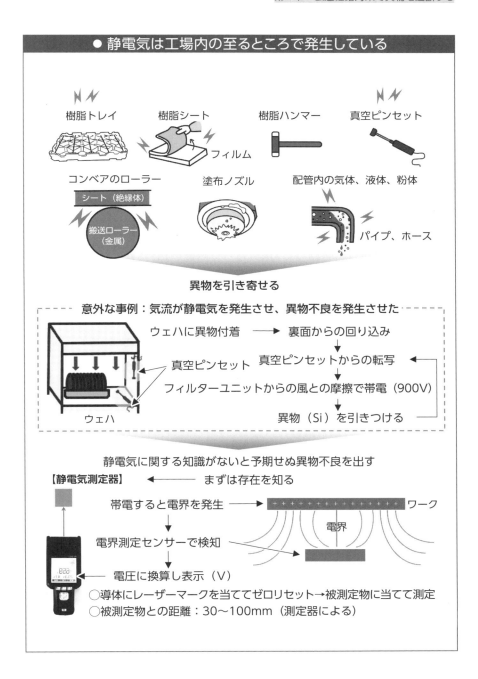

'11 静電気対策の常道は イオナイザー

　一般的に静電気への対策は材質変更と考えますが、**材質変更による静電気対策は難しく、結果として高くつきます。**

　半導体後工程のテスト工程で、アルミ製テスト基板のアクリル部分を手袋で触ると、静電気が発生することがわかりました。そこで、手袋の材質変更をしようと考え、5種類の手袋の帯電量を測定したところ革手袋が一番少ないことがわかり、革手袋を使ってテスト基板のアクリル部分を触ってみたものの、やはり帯電していました。

　次に、アースバンドを使って同様に触ってみましたが、なんと帯電量がまったく変わらないことがわかり、アースバンドで除電できるという従来の常識が崩れ、この結果にみんな驚きました。

　テスト基板自体の材質変更を検討しましたが、あまりにも高く悩んでいると、誰ともなく「アクリル部分にアルミテープを貼ってみたら」というアイデアが出てきました。そこで、実際にやってみたら効果があり、コストミニマムで静電気対策ができたのです。

　一方、半導体前工程ではテフロン製キャリア治具を使っていましたが、異物付着に悩まされていました。さまざまな実験をしたところ、洗浄してもその異物は落ちない、落ちない原因は材質自体の帯電、洗浄するとその帯電量が増すということがわかり、静電気対策をすることになりました。

　まずは根本対策として、静電気が発生しにくいカーボン製のキャリア治具に材質変更しました。しかし、静電気は防げたのですが、治具を持つ手袋にカーボンが転写し、より深刻なカーボン異物不良を発生させてしまいました。

　そこでメーカーに改良を依頼するも、2社が断念。1社も13年かけて研究開発したのですが、結局完成した治具が高額過ぎ、イオナイザーで対応することにしました。

　カーボンに関しては、上記の事例のみならず他社でも異物の発生源として悩まされています。カーボンの使用には注意が必要です。

● 材質変更による静電気対策は難しい&高い

【半導体後工程工場・テスト工程】

アルミ製テスト基板
　　　アクリル部分を手袋で触る
　　　　静電気発生！

アクリル　アルミ

手袋から発生していることが判明

革手袋　クリーン手袋　トップフィット　綿手袋　アウター手袋

手袋別帯電量調査

まだ帯電 ← 革手袋 ← 革手袋の帯電が少ない

↓

アースバンド → 変わらない！

今までの常識が崩れる

材質変更検討 → 高い → アクリル部分にアルミテープ

イオナイザー ←

効果あり！

【半導体前工程工場】

テフロン製キャリア治具

⇩

カーボン製キャリア治具

異物付着 × 洗浄しても落ちない
　　　　 × 材質自体が帯電
原因は静電気！ × 洗浄すると帯電量が増す

静電気は防げた

↓

手袋にカーボンが転写

カーボン異物発生!!

↓

完成したが、高い ← 13年 ― 1社継続、2社断念 ← メーカーに改良依頼

結局、イオナイザーで対応

＊カーボンの使用は要注意

12 イオナイザーの管理

　長年の経験から、静電気対策にはイオナイザーが有効との結論に達しました。イオナイザーには、交流式と直流式、送風タイプと無風タイプがあります。主流は、交流式送風タイプです。しかし、送風タイプには、「外部の異物（特に繊維）をファンにより内部に送り込んでしまう」という弱点を抱えています。

　送風タイプから無風タイプに変えるという対策もありますが、高価です。今、設置してあるほとんどのものは送風タイプです。したがって、異物を浮遊させない対策を打つことにより送風タイプを使うのが現実的です。

　イオナイザーを正しく機能させるには、放電針の定期清掃と定期交換が必要です。

◆ 定期清掃

　除電する際、放電針には高い電圧がかかります。これにより、浮遊している微小な異物（繊維、有機物、SiO_2）は引き寄せられて、針に付着します。

　その結果、放電針と空気が接触する面積が減り、除電能力が落ちてしまうのです。また、その付着した異物を逆に巻き散らかすことにもなります。

　それを防ぐために、定期清掃を行います。清掃周期は300時間。清掃方法は、ナイロンブラシでブラッシングするか、綿棒にアルコールを染み込ませ、揮発させてから拭き取ります。

◆ 定期交換

　放電針の先端は、使用していくと摩耗して丸くなります。その結果、イオン発生量は減少し、除電能力が低下します。

　そのため、定期的に放電針の交換が必要になります。周期は1万時間が目安です。

　静電気対策においてイオナイザーは有効ですが、使う環境が不備であったり、きちんと管理していなかったりすると効果が半減します。

第4章　伝達経路対策で異物を遮断する

● 放電針は清掃と交換をしないと効果半減

静電気対策には結局イオナイザーが有効

【2つの方式】

交流式

高電圧電源 → AC方式除電機 放電針

直流式

高電圧電源 ＋ 放電針 － 放電針

【2つのタイプ】

送風タイプ
外部の異物をファンにより
内部に送り込む
↓
浮遊異物に対する
発生源対策／伝達経路対策

無風タイプ

設備内
異物（浮遊物）
製品（トレイ）
ファンタイプ
イオナイザー

【放電針の定期清掃】

放電針 0h

300時間 →

異物付着 500h

除電能力の低下 → 清掃

異物をまき散らす →

方法 ①ナイロンブラシによるブラッシング
　　　②綿棒にアルコールを染み込ませ、揮発させてから拭き取る

【放電針の定期交換】

放電針 0h

10,000時間 →

摩耗 10000h

除電能力の低下 → 交換

105

'13 接触する伝達経路への対策

　製品・部品は、設備、人、入れ物という3つの発生源と「接触する」ことにより異物が転写されます。本来は、接触しない方法を考えるのがベストですが、技術的にもコスト的にも難しいものです。そこで、現状では「接触する」3つの発生源の8つの部位、モノに7つの対策を打っていきます。

　設備で製品・部品に接触するのは、吸着パッド、チャック、ベルト、ブラシです。これら4つの部位は、稼働、接触することにより摩耗し、自分自身の材質から異物を発生させます。

　また、部位のまわりにあるゴミ（主に繊維）を気流や静電気で集め、それを接触部に蓄積します。これらに対する対策は、各部位の清掃と寿命管理、除電になります。

　人が作業すると、クリーンスーツが製品・部品に触れることがあり、このときに繊維を転写します。これに対する対策は、クリーンスーツを製品・部品に触れさせないという行動規制になります。

　汚れた手袋で製品・部品に触れると、その汚れが転写します。これに対する対策は、手袋のクリーン化、製品・部品に触れる部分の治具化です。手袋は使い捨てが望ましいでしょう。治具化した際には、治具の材質検討、除電を行います。

　ピンセットを使って製品・部品に触れる場合も、汚れているとそれを転写します。ピンセットは金属ですから帯電している場合があり、それにより繊維が引き寄せられ、それを転写する場合もあります。ピンセットには、洗浄と除電が必要になります。

　製品・部品の**入れ物**は、劣化により入れ物自体の粉、屑、欠けを転写します。対策は、入れ物の洗浄、除電、寿命管理となります。洗浄と除電は製品を出すたびに毎回行います。寿命管理では割れ、欠けなどをチェックし、あったら排除します。

第4章 伝達経路対策で異物を遮断する

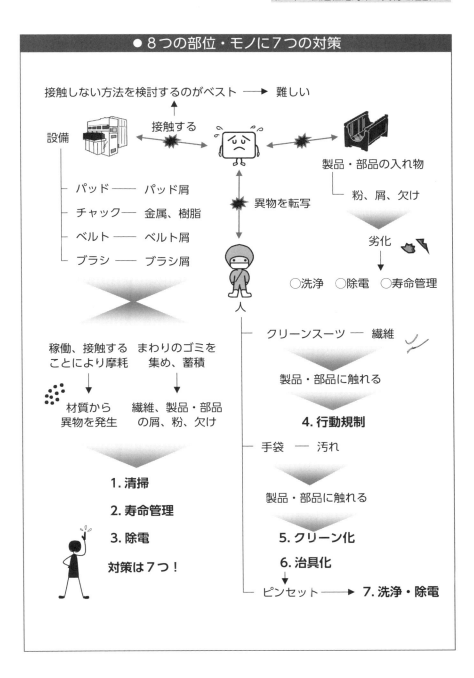

14 再付着する異物は どうするか

　再付着は、液体を扱う工程に多く見られ、2つのパターンがあります。

1. 材料の残りが再付着

　半導体前工程、塗布装置のスピンコーターでこの現象が見られます。

　スピンコーターの原理は、ウェハを置いた回転テーブルの上にレジスト液を滴下し、回転テーブルを高速回転することにより均一の膜をつけるというものです。この高速回転で振り切るレジストの残液が、装置の外枠にぶつかり、跳ね返り、再付着するという現象です。

　対策は、外枠の位置変更、防着板、付着板（網）の取り付けです。ただ、実際には装置内部も汚れ、それが高速回転により浮遊し、再付着する場合もあるため定期的な清掃は必須となります。

2. 落とした異物が再付着

　自動車の塗装工場は洗浄槽、電着槽、塗装槽が順に並び、そこに鉄粉やシール材が付着した車体が入ってきます。槽を通過すると異物は取れるのですが、そのうち槽に異物が蓄積し、再付着し始めます。洗浄能力も落ち、異物も落ちないようにもなります。

　根本対策は異物を持ち込まないことになりますが、その実現はなかなか難しく、4つの伝達経路対策で防御します。

　①重い鉄を吸い付け、浮遊しないように底とまわりにマグネットを設置

　②軽い鉄とシール材を除去するために槽をオーバーフロー式にする

　③液を循環させ、その経路にマグネットとフィルターを設置

　④槽の前後にシャワーを設置

　しかし、何より重要なのは、洗浄槽において異物がすべて確実に落ちているか、再付着していないかを確認することです。その結果からマグネット、フィルターの清掃・交換周期、液交換の周期、槽の徹底清掃の時期を把握し、洗浄能力を維持すると同時に再付着を防ぎます。

● 液を扱う工程では再付着に注意

1. 材料の残り：設備の部位に跳ね返り、再付着

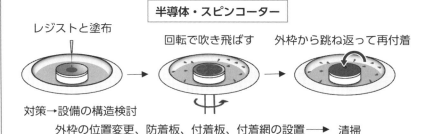

対策→設備の構造検討
外枠の位置変更、防着板、付着板、付着網の設置 ⟶ 清掃

2. 洗浄槽：落とした異物が再付着

異物を落とす→蓄積→異物のポテンシャル増大 → 再付着
洗浄能力低下

前工程から
鉄粉、シール材
が持ち込まれる

鉄粉、シール材 → 蓄積（汚染） → 再付着
が落とされる   される

根本対策：
持ち込まない

対策
1. 重い鉄：マグネット設置
2. 軽い鉄とシール材：
   オーバーフロー式
3. 液循環：
   マグネット＋フィルター
4. 槽の前後にシャワー

チェック：
○異物はすべて確実に落ちているか？
○再付着はないか？

管理：1. マグネット ⎤
　　　2. フィルター ⎦ 清掃・交換
　　　3. 液交換
　　　4. 槽の徹底清掃

洗浄能力の維持
＋
再付着防止

15 液中異物測定と純水管理

　徹底清掃では、洗浄槽も清掃対象です。複雑な形状をしていてブラシなどの清掃では異物を落とし切れない部品は、超音波洗浄機で洗浄します。

　洗浄槽や超音波洗浄機は、ある意味異物の収集装置です。その液中異物の数を数えて収集することで、部品に付着した異物数、その異物の正体を把握でき、汚染度も把握することができます。

　液中異物の数を数えるには、超音波洗浄機や洗浄槽から液をサンプリングし、**液中異物測定器**に入れて測定します。付着している異物の総量は、洗浄機の総液量とサンプリング液との比率で算出します。一般的には、$1 \sim 100 \ \mu m$ の異物を測定します。

　液中異物を収集する方法として**フィルタートラップ**もあります。液中異物測定器と同じで、測定したい液をサンプリングし、フィルタートラップ器に入れ、水分を吸引後、フィルター上の異物を顕微鏡で観察し、数をカウントします。その後、大きさ、形、色が違う異物を選別し、写真を撮り、分析します。

　これらの液中異物を測定する際に、重要な役割を果たすのが純水です。

　純水とは、通常使っている水を物理的化学的に処理し、不純物を除去した水です。通常、その純度は、比抵抗値で測定します。その中でも最も純度の高い水を超純水と呼びます。超純水は、空気に触れた途端に急激に純度（比抵抗値）が下がる特性を持ち、ある一定時間が経つと使用する用途に沿えない水になります。

　そこで、**純水管理**が必要になってきます。純水管理は2つの管理項目からなります。

　○洗浄や清掃で使う純水は、使用直前に超純水精製装置でつくり、その純水
　　が劣化する前に使う
　○超純水装置でつくられる純水を定期的に測定し、比抵抗値（純度）が下が
　　ってきたらフィルター交換、メーカーによるメンテナンスを行う
　純水は、清掃にも欠かせないものです。しっかり管理しましょう。

第4章　伝達経路対策で異物を遮断する

● 純水の管理は重要

異物が落とし切れない複雑な形状の部品　　　徹底清掃の対象

洗浄槽

超音波洗浄機

液中異物測定器

フィルタートラップ　　　分析

純水が重要な役割を果たす

純水：通常使っている水を物理的化学的に処理し、不純物を除去した水

比抵抗
[MΩ・cm@25℃]

イオン量
0.01　0.1　1　10　18 18 248

覚えておこう！

超純水

純水

RO水　　RO-EDI水

蒸留水

水道水　　イオン交換水

有機物量

導電率
[μS/cm@25℃]　100　10　1　0.1　0.0548

純度：比抵抗値で測定

空気に触れると下がる

【純水管理】
○使用直前につくり、
　劣化する前に使う
○純度を定期的に測定
　→フィルター交換
　→メンテナンス

111

column 4

風邪予防は伝達経路対策

　伝達経路対策は、風邪の予防をイメージするとわかりやすいと思います。風邪の菌を地球上から撲滅することは不可能ですが、自分の行動で風邪を引かないようにすることは可能です。

　マスクは気流に乗ってくる菌への対策、うがいは菌の除去、手を洗うのは接触に対する対策です。頻度は、マスクは外したら交換、うがいは外から帰ってきたらする、手を洗うのは口に手を持っていく前です。

　どんなに予防しても、風邪を引いてしまうこともあります。また、伝達経路対策を完璧にしたと思っていても、異物不良が出ることがあります。この理由は、風邪の場合には油断。異物の場合には伝達経路を把握しきれていなかったり、清掃不足だったり、寿命の読み違いだったりすることが理由です。

　以上のように、伝達経路は風邪の予防と考えるとわかりやすくなります。発生源はなくなりませんが、伝達経路対策で異物不良を減らせます。風邪の菌はなくせませんが、3つの行動で風邪を予防することは可能です。

第 5 章

最小の労力で
最高の効果を出す
清掃基準書の作成

1 清掃基準書がなくても現場は清掃する

　半導体前工程の蒸着装置では、月に61枚もの異物不良が発生し、そのうち9枚は廃棄になっていました。異物の正体は、蒸着の材料です。

　まずは、異物不良発生設備における直別不良発生率を調査しました。その結果、A班が圧倒的に多く、その理由は段取り回数が多いことがわかりました。そこで、段取り時の清掃方法に問題があるのではないかと考え、清掃を観察してみました。

　その結果、「装置内の清掃基準がない」「作業者は装置内の清掃をエアブローでしている」ことがわかりました。エアブローの影響を調査したところ、エアブローをすると、しないときに比べて浮遊異物が60倍に増えていたのです。

　そこで**エアブローを禁止**し、装置内の清掃基準をつくるために徹底清掃しました。その結果、3つの発生源が見つかり、異物不良の発生メカニズムも解明できたのです。

①蒸着源の真上に位置する機構部の配線保護のためのアルミホイルに、蒸着された膜が付着し、機構部が動くたびにそれが落下する

②ウェハ移載部裏に膜が付着し、ウェハが回転、振動するたびに剥離して落下する

③回転車軸受レール上に膜が付着し、レールが動くたびに膜が剥離して落下する

　発生源を重点的に清掃する基準を作成、ビデオ化し、全員に清掃基準を守る意味を教育した上で、実践してもらいました。その結果、異物不良発生件数は1/60、廃棄枚数ゼロになりました。

　以上の経験から、「現場は基準がなくても清掃する。しかし、それが必ずしも異物不良をなくす清掃にはなっていない」ということを学びました。

　本来、清掃基準書をつくるのはエンジニアの役割です。しかし、実際にはそれができていないのが現実です。それでも現場は生産しなくてはならず、自分たちで清掃方法を考え、その結果、異物不良が慢性化します。

114

● 基準なし+エアブローでは異物不良はなくならない

【半導体前工程/蒸着装置】 月61枚の異物不良、9枚に廃棄が発生

1. 現物分析

 蒸着材料

2. データ分析

清掃方法が問題？ → 装置内清掃基準なし → エアブローで清掃
　　　　　　　　　　　　　　　　　　　　　　　　　　↓
　　　　　　　　　　　　　　エアブロー禁止 ← 60倍の異物！

3. 徹底清掃

① 機構部

配線保護アルミ上の膜 → 剥がれて落下

② ウェハ移載部裏　　　回転＋振動

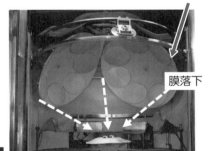

膜落下

③ 回転車軸受レール

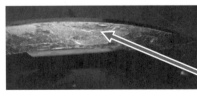

レールの振動
↓
付着膜落下

4. 清掃基準の作成 → ビデオ → 全員に「守る意味」を教育
　　　　　　　　　　　　　　　　　　　　　　　　　　↓
【結果】異物不良発生件数：1/60、廃棄枚数：ゼロ　　　実践

2 段取り① 清掃基準書を 4つの手順でつくる

　ここまでで、異物不良をゼロにできる効果的な清掃基準書のつくり方を説明してきました。以降は、生産中に無理なくできる効率的な清掃基準書を4つの手順でつくります。

1．清掃仮基準書を作成する

　清掃ビデオから清掃仮基準書を作成し、**タイムチャート**を書きます。清掃に時間がかかっているところ、同じ作業が連続しているところを見つけ、清掃困難箇所リストと合わせて改善対象作業とします。普段の生産の中で、無理なく清掃できる目標時間も設定します。

2．清掃準備台車により準備ロスを削減

　清掃作業における準備不足によるロスは意外と大きく、20〜40％に及ぶこともあります。その準備不足によるロスを削減するため、**清掃準備台車**を作製します。

　①ビデオから必要な道具、用具、その個数、枚数を洗い出し、必要品リストをつくる

　②「使う順序に並べる」「使う頻度で並べる」「混同しやすいモノは離す」という3つの置き方のルール、「体に無理なく取れる」「つかめば持ち直しせずに取れる」「使った後の戻しが楽」という3つの取り出しやすさのルールに従い、必要品を載せる台車を設計する。留意事項は、通路を通りやすく使う場所で邪魔にならないようにコンパクトに設計すること

　③実際に台車を作製する。置く場所に除電マットを敷き、置くモノは同じ形状にくり抜き、双方に表示する

　④台車が出来上がったら実際に使って清掃し、ビデオに撮り、清掃仮基準書、タイムチャートを改訂する

　スペースなどの制約により便宜上、台車が無理な場合には清掃セットボックスでもOKとします。ただし、その場合にはボックスのふたに、中に何が入っているかを表示します。

● 改善対象を洗い出し、準備ロスを削減する

1. 清掃仮基準書の作成

清掃ビデオ → 清掃仮基準書をつくる → タイムチャートを書く

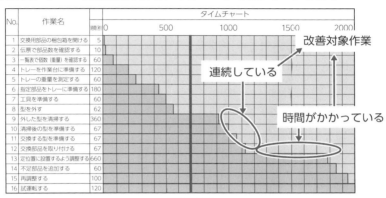

2. 清掃準備台車の作製

① 必要品リストの作成：必要な道具、用具や個数、枚数

② 台車の設計：置き方を工夫し、取り出しやすさを追求

③ 台車の作製：置き場所、置くモノ → 同じ形状、双方に表示

④ 台車を使い清掃  清掃仮基準書の改訂

＊清掃セットボックスでも

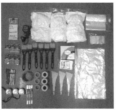

3 段取り② みんなが守れる清掃基準書をつくる

　清掃が短時間でできるように改善します。改善をやったことがない人にとって、アイデア出しは難しいものです。

3. 清掃改善

　今まで改善をやったことがない人でも、改善ができるようにします。

　①道具改善：市販品を使い、清掃道具の改善を行います。

　　○掃除機（無塵仕様）：ノズル、ブラシ持手、伸縮、**一体化**

　　○ヘラ、ブラシ、金たわし、スポンジ、コロコロ

　　○洗浄液、油吸収ジェル、スライム

　②方法改善：清掃の方法自体を見直します。キーは、×から○へです。

　　○**ドライ**（削る）**からウエット**（浸す、つける）へ

　　○インライン（交換できない）からオフライン（交換する）へ

　③設備改善：分解しやすい設備に改造します。

　　○**ボルトレス化**：なくす→少なく→蝶ねじ→クランプ、**ワンタッチ化**

　　○電動具化：電動ドライバー化

　　○カバーレス：カバーをなくす→磁石化する→ひっかける

　　○集中化：複数箇所で操作しているものを1カ所で操作

　④調整の調節化：考えたり悩ませたりする作業を改めます。

　　○ストッパー化：ストッパーを設け、位置決めをやめる

　　○**ゲージ化**：ブロックゲージを使い、汎用測定器を使うのをやめる

　　○マーク化：治具・設備に調節マーク、汎用測定器から専門測定器へ

　　○数値化：アナログからデジタル測定器に変える

　　○一体化：調整が必要なブロックを一体化する

4. 清掃基準のビデオ化

　台車作製と改善で効率化された清掃をビデオに撮り、みんなで見て、疑問を解消し、実際にやってみます。そして、やりにくい作業をさらに改善し、清掃分担、仕上がり基準を決めたらビデオ清掃基準が完成します。

● 改善でムダな時間を短縮して、ビデオを見てみんなで守る

3. 清掃改善

パターン改善：改善をやったことがない人でもできる

①道具改善

②方法改善

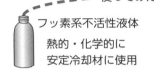

③設備改善

④調整の調節化

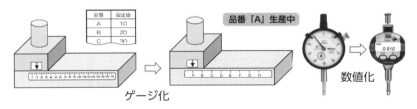

4. ビデオ清掃基準の作成

4 全社で清掃基準書づくり

　半導体前工程の工場全体で、実際に清掃基準書をつくった事例を紹介します。

1. 清掃基準書の実態把握

　まず、自工場にどのくらいの清掃があるのかを調査しました。

　その結果、清掃の数は379件。かかっている時間は月に5,741時間であることがわかりました。清掃基準書は58％しかなく、42％の清掃は基準がないまま現場の独自判断で行われていたことも判明しました。

　半導体前工程で最も大切な清掃に対し、基準書がないままでやらせていた実態を知り、問題の深刻さを認識しました。そこで、即すべての清掃に対して基準書をつくり、改善しようということになったのです。

2. 清掃基準書の作成と改善

　ない清掃基準書は実際の清掃をビデオに撮り、清掃仮基準書として作成しました。

　すべての清掃仮基準書を作成した後、1つひとつの清掃についてタイムチャートを書き、外段取り化、マンパワーの集中、方法改善を行い、仕上がり基準を定め、秒単位の改善を繰り返し時間を短縮しました。わからないことがあったのでメーカーに聞きましたが、大部分は回答なし。たまにあってもお門違いの回答であり、メーカーの対応は当てにならないものでした。

　以上の活動を半年間で実施しました。

　その結果、異物不良ゼロ状態を維持しつつ、総清掃時間を58％短縮できました。この活動では、

　　○秒単位の改善の積み重ねが大きな効果を生む

　　○わからないことがあってもメーカーに頼らず、自分たちで検証して判断する

　　○改善にはスピード感が重要

という3つの教訓を得ることができました。

第5章　最小の労力で最高の効果を出す清掃基準書の作成

● 秒単位の改善を積み重ね大きな成果を出す

1. 清掃基準書の実態把握

清掃の数：379 件

　↓

かかっている時間：5,741 時間 / 月

　↓

清掃基準書：ある 58%、なし 42%

　↓

問題！ ← 基準がないのに清掃をさせていた

（円グラフ）

低圧 CVD
12 件
イオン打ち込み Gr
12 件
ETCH
27 件
PVD
38 件
CVD
69 件
CVD
76 件
手順書なし
158 件
Total
清掃時間
5,741 時間 / 月
手順書あり
221 件
PVD
56 件
ETCH
52 件
低圧 CVD Gr
8 件
イオン打ち込み Gr
30 件

2. 清掃基準書の作成 / 改善

No.	作業名	時間 時：分：秒	1:00:00	2:00:00
1	K：空冷トラップ解体	00:34		
2	L：第十配管解体	10:49		
3	C：第三配管解体	04:28		
4	B：第二配管解体	02:58		
5	A：第一配管解体	16:22		
6	D：第四配管解体	02:47		
7	E：第五配管解体	01:37		
8	F：第六配管解体	01:49		
9	M：VENTライン解体	26:37		
10	G：第七配管解体	01:13		
11	I：VEC解体	07:07		
12	H：第八配管解体	06:08		
13	J：第九配管解体	02:54		
1	A：第一配管洗浄	22:40		

冷却水と VC1 バルブがあるため
時間がかかっている

一度にまとめて取り外せないか？

石英チューブとの面出しに
時間がかかっている

①ない基準の作成　②タイムチャート→秒単位でシミュレーション
③外段取り化　④マンパワーの集中　⑤清掃方法、仕上がり基準

　↓

教訓－1：秒単位の改善の積み重ねが大きな効果を生む

＊疑問点：メーカーに問い合わせ→回答なし、お門違いの回答

　↓

教訓－2：疑問点があってもメーカーに頼らず、自分たちで検証し判断する

活動を半年間で実施　→　盛り上がる　→　**教訓－3**：スピード感が重要

【結果】清掃後は異物不良０！ ——→ 総清掃時間：3,355 時間短縮（58%減）

121

5 実際のビデオ清掃基準書①
準備編

　ビデオ清掃基準書の実例を紹介します。制作に際しては、留意事項が2つあります。1つは**全体の長さ**です。1分半から2分が最適です。あまり長いと覚えられません。事例のビデオでは1分27秒。17画面構成、1画面約5秒でした。

　もう1つは**音楽**です。スタートすると、まず行うべき清掃を示し、音楽が流れます。**音楽も大変重要**で、なければ1回で見る気がしなくなります。

　それでは、実際の清掃作業を見ていきましょう。

1. 準備作業

　この清掃の場合、

　○クリーンワイプが足らないと取りに行かなくてはならない

　○保護メガネがないと目を傷める可能性がある

　○LEDライトがないと清掃の質を確認できない

という安全面および品質面で支障をきたします。

　そこで必要なモノを揃え、清掃準備台車に載せて現場に行きます。

2. 清掃箇所の確認

　装置の全景、各部位の名称、清掃箇所、清掃の順序を見せます。事前に覚えます。作業者はこれを2，3回見ただけで覚えます。

3. ワイプの準備

　現場に行きます。実際の**清掃の準備**として、クリーンワイプに純水を染み込ませます。

　この作業のポイントは3つです。

　○ワイプの1面で清掃箇所を1周拭き、5回繰り返す → 5枚重ね

　○ディスペンサーの先端を汚染しないようにワイプと離す

　○染み込ませるやり方、時間を感覚的に画像で覚える

4. 注意事項の確認

　過去にあった失敗事例から抽出した**清掃時の注意点**を示します。

　清掃前に覚えておきます。

● 実際の清掃作業で展開

炉口清掃

 1. 全体の長さ、一画面の長さ

2. 音楽
　ないと見る気が
　しなくなる

1．準備作業

準備物：具体的に
○準備ロスをなくす
○安全面
○品質面

2．清掃箇所について

装置の全景
↓
部位の名称
↓
清掃箇所
↓
清掃順序

覚える

3．ワイプの準備

5枚重ねたワイプを準備し、純水を浸み込ませる。

ワイプの準備：具体的に
○5枚：1回1面1周拭く
　それを5回繰り返す
○ディスペンサーとワイプを離す
　＞先端を汚染することを防ぐ
○染み込ませる時間（こんな感じ）

4．注意事項の確認

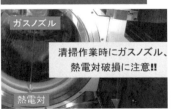

清掃作業時にガスノズル、熱電対破損に注意!!

清掃作業時の注意点
↑
過去にあった失敗事例

 覚える

6 実際のビデオ清掃基準書② 実践編

　清掃の実践においては、とにかくわかりやすく勘所を伝えることを心がけます。わかりやすくする工夫は5つあります。

5. 清掃開始

　画像でわかりにくい場合には図で示します（工夫-1）。

　清掃は、得てして丁寧になり過ぎたり雑になったりしますので、清掃する**ペースをカウンターで定量的に知らせます**（工夫-2）。

　大切なことは、音で知らせます（工夫-3）。この清掃作業の場合には、清掃のペース配分です。

　この後、画面を切り替え、ワイプを交換することを指示します。ウェスの正しい使い方です。画面を切り替え、6秒かけて1周清掃することを5回繰り返すように指示します。

6. 出来栄え確認

　最後に清掃を終了してよいか、もう一度やり直さなくてはならないかなど出来栄えを確認します。

　LEDライトを持ち、確認箇所を図で示し、確認スピードをカウンターで知らせ、音でどのように**確認するかを具体的に**教えます。この作業では、「汚れが残っていないか、繊維が付着していないか」が確認項目です（工夫-4）。

7. 限度見本の提示

　ただ「汚れ」と言っても、作業者によって判断の差が出ます。**限度見本として、NGとOKを比較して見せます**（工夫-5）。

　これで清掃は終了です。

　実際の運用では、事前にビデオを2，3回見て、本人が「覚えた」と言ったらいったん終了します。そして、現場でもう一度見せてスタートの作業を思い出してもらい、清掃を始めます。

　その後は、思い出せなかったら見る、1つひとつの画面を見ながら進める、というような2つの方法で体に覚えさせていくのです。

124

第5章　最小の労力で最高の効果を出す清掃基準書の作成

● わかりやすく伝える5つの工夫

5. 清掃開始

2. ペースをカウンターで知らせる

6秒掛けて1周する

`1` `2` `3` `4` `5` `6`

ピンポン！
ピンポン！
ポ〜ン！

1. 清掃箇所を図で示す

3. 大切なことは音で知らせる

| 画面切り替え | ワイプを交換することを指示→
→ウェスの正しい使い方 | 画面切り替え | 同じ作業を5回
繰り返すことを指示 |

6. 出来栄え確認

清掃出来栄えの具体的確認方法

LEDライトを持つ

確認準備

確認箇所を図で示す

目線高さを合わせる ← 確認の留意点

`1` `2` `3` `4` `5`
`6` `7` `8` `9` `10`

1周10秒　確認ペース

ピンポン！
ピンポン！
ポ〜ン！

4. 具体的に

汚れや繊維屑はないか？ → 音でこれが大切ということはわかる

NG!　**5.NG、OKを比較**　**OK!**

7. 限度見本の提示

サンプルを見せる

炉口シール面の汚れが取れたか確認

炉口シール面の汚れが取れていればOK

125

column 5

清掃は生活の原点

　ある会社で清掃改善のアイデアが出ないので、みんなで生活雑貨店に行きました。そこにはアイデアがあふれていました。メラミンスポンジ、灯油ポンプ、掃除ロボット…。

　メラミンスポンジは、落ちにくい汚れを落とすのに使いました。落とした汚れが消しゴムのカスのように残るので、掃除機で吸引し、最後にクリーンワイプで仕上げます。

　灯油ポンプは、先だけを掃除機の先につけて、手の入らない場所を清掃する道具を2種類つくりました。

　掃除ロボットは、夜に床を清掃させようということで購入しました。そのために、設備の高さを15cm上げました。

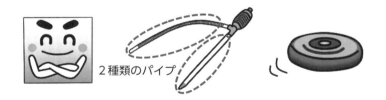

2種類のパイプ

　生活雑貨を販売している会社は、ユーザーの便利さを求めて商品開発にしのぎを削っています。

　休みの日、一度生活雑貨店に行ってみてください。そして、「良い道具ないかなあ…」と見て回ってください。そこで、「目から鱗…」の商品が見つかるかもしれません。

　清掃は生活の原点です。

第 6 章

ゼロに復元・維持する異物管理

1 異物管理の
フレームワーク

　管理とは、**ルールを決めて守らせる**ことです。

　ルールは、異物の経験則と異物ゼロへのアプローチの実践結果から生まれます。そして、**データで異常を検知**し、ルールを守っていなかったら守らせます。守っていたにもかかわらず異常（異物不良）が発生した場合は、新たな発生源が生まれたことを意味するため、異物ゼロへのアプローチでゼロ化し、新たなルールをつくり出してそれを守らせます。

　この2つのサイクルを回し続け、異物不良ゼロ状態を保ち続けるのが異物管理です。

　異物管理には、**9つの機能**があります。

　①検査：モノづくりで最も大切なのは、顧客に異物不良を出さないことです。そのための機能が検査です。検査機能では、**見逃しゼロの外観検査システム**の構築を目指します。

　②除去：異物不良の異物を除去・修正する正しい方法を検討します。

　③データ管理：**すべての機能の中心**であり、司令塔の役割を担います。データ管理で管理の2つのサイクルを回します。

　④清掃：5つの清掃で異物不良ゼロ状態を維持します。特に、都度清掃は大切です。

　⑤改善：新たな発生源により異物不良が慢性化する兆候が現れたら、「異物ゼロへのアプローチ」でゼロにして新たなルールをつくります。

　⑥依頼：サプライヤーからの異物を入れない体制を構築します。

　⑦行動規制：**異物は人の行動により突発的に発生し、慢性化**します。人の行動により発生する異物不良を行動規制で防ぎます。

　⑧温湿度管理：汗による汚染を防ぐ環境を整えます。

　⑨教育・訓練：異物をゼロにするため必要な9つの科目を教え、実践で訓練し、**異物の感性が高い人材を育成**します。

第6章　ゼロに復元・維持する異物管理

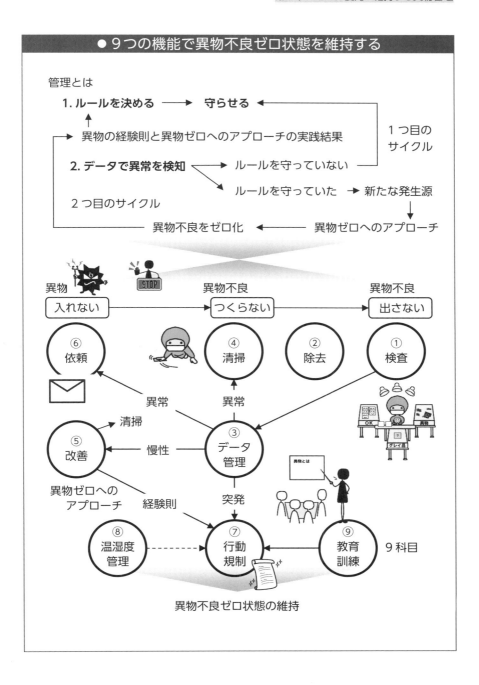

2 異物不良は絶対に 外に出さない

　見逃しゼロの外観検査システムは、ユーザー条件による全数検査を前提とし、3つの手順で構築していきます。

1．人の特性を活かしたST検査

　見逃しは、検査者が判定に悩むという行為から生まれます。

　従来の検査は、良品と不良品の2つの判定結果しかありません。しかし、実際には検査者が悩む**グレイゾーン**が存在し、その存在が検査者を悩ませ、無理に判定する結果、見逃しと過剰検出という現象を生みます。

　そこで判定結果にグレイ品というカテゴリーを加え、検査者が悩んだらグレイと判定させます。この悩むまでの時間をST（標準時間：ST：Standard Time）として設定します。通常は1項目につき2〜3秒です。

　グレイ品は品証スタッフや監督者で判定し、次の日の朝、検査者全員に現物と画像により判定基準を教えます。この仕組みにより見逃しや過剰検出が減り、検査時間も短縮できます。

2．AI自動外観検査システムへの移行

　人に頼った検査にはロスが多く、不安定でいつか限界がきます。

　そこで最近、低コストで導入が可能になった**AIによる自動外観検査**に移行します。これにより、見逃しゼロ、過剰検出の極小、ユーザークレーム対応、検査員の省人化（1/5〜1/10）、判定基準のデータベース化、検査者の教育・訓練の簡素化、肉体労働から頭脳労働への移行が図れます。

3．最後は人で保証する

　AIとは、人の脳をIT化した仕組みです。ですから、ミスもあります。

　そこで、**最後は人で品質を保証**します。人はゆっくりと時間をかけて判定すれば、ほとんどミスしません。それも、複数の人で話し合いをすればなおさらです。最後は、AIがグレイ品と判定した製品を検査者、監督者、品証のスタッフで判定し、AIに学習させていきます。最終的に**見逃しゼロの外観検査システムは人とAIのコンビネーションで実現**します。

第6章　ゼロに復元・維持する異物管理

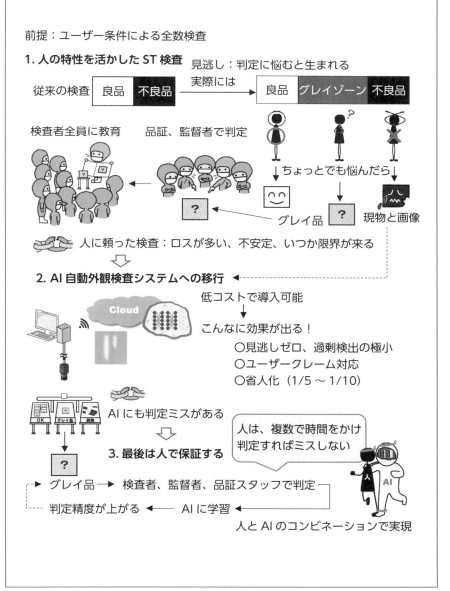

3 正しい異物の除去方法

　異物不良になってしまった製品でも、機能上および外観上問題がなければ、異物を除去、修理します。しかし、過去のクレームを分析すると、修理品がクレームの対象になる確率は修理しない製品に対して高く、それだけに異物の除去と修理には注意を要します。

◆ **付着異物の除去**

　まずは、グリーンライトを当てて異物を見つけます。確認できたら粘着ローラーで除去します。

　注意事項は、4つあります。

　①異物が確認できないときにはローラーをかけない

　②粘着剤として糊を使用しているローラーは、製品に糊移りや糊残しなどを発生させる可能性があるため、糊を使わないローラーを選択する

　③こすらない。こすると跡が残る可能性がある

　④繰り返し使う場合には、除去した異物がワークに再付着する可能性があるので、水やアルコールで毎回洗浄するか転写シートで取り除く

　除去するエリアが小さい場合にはスティックタイプ、静電気を発生させたくない場合には静電気対応のタイプを使います。これらは、用途によって使い分けます。

◆ **固着異物の除去**

　自動車の塗装異物は、塗装内に入り込んで固着します。その場合、塗装をいったん剥がし、異物を除去して再塗装します。

　この修理には2つの注意点があります。

　①修理は専門家に任せる

　②修理した製品は、品証スタッフ、現場の監督者で出荷してよいかを判断し、修理品であることを記録してから出荷する

　付着異物も固着異物も除去した異物は保管しておきます。

第6章　ゼロに復元・維持する異物管理

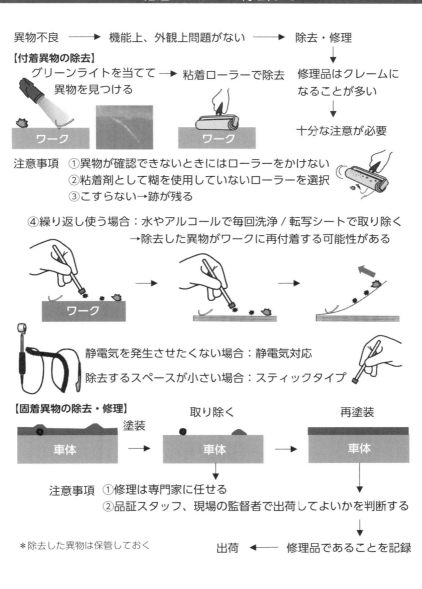

4 異物をデータで管理する

　データ管理には、異物の外観検査データと異物分析結果が必要です。検査データからは**異物不良の発生推移グラフを描き**、**突発不良と慢性不良の発生を検知**します。

　突発不良は、清掃基準や行動規制を守らなかったことが原因で発生します。まずは、突発異物不良が発生したことを全員に知らせ、自主的に守ることを促します。にもかかわらず再発したときには、発生周期から班や作業者を限定して清掃と行動を観察し、見つけたときには守らない理由を聞き、突発不良の再発による損害金額を知らせ、次回から守るように促します。

　慢性不良が増えてきたら、不良材料の流入が原因です。

　実際にあった事例を紹介します。

　この会社では異物不良ゼロ活動を展開し、自社起因の異物不良をゼロにしました。しかし、ある時期から異物不良が増え始め、慢性化してしまいました。

　そこで、**異物別不良の発生推移グラフを描き**、どんな異物が増えているかを確認したのです。すると、異物不良が慢性化し始めた時期から、原材料起因の異物不良が増えていることがわかりました。

　そのデータと現物を添えサプライヤーに問い合わせたところ、原材料の配合比率を変えたとのことです。サプライヤーとしては配合比率を変えても出荷基準内であり、問題がないと判断して何の通知もなく出荷をしていました。しかし、それがユーザーでは異物不良の慢性化という大きな問題となっていたのです。

　対策として、元の配合に戻し、次回から配合を変更する前に知らせてもらい、その原材料で試作して品質に影響ないかを確認することをルール化しました。

　データ管理は、初めに異物不良対策の方向性を示し、最後にはいったん異物不良をゼロにした後に発生する突発不良と慢性不良を抑え、異物不良ゼロの状態を維持する役割を担います。

第6章　ゼロに復元・維持する異物管理

● いったんゼロにした異物不良の状態を維持する

管理に必要なデータ：異物の外観検査データ→ 異物分析結果

【異物不良の発生推移グラフ】突発不良と慢性不良の区分

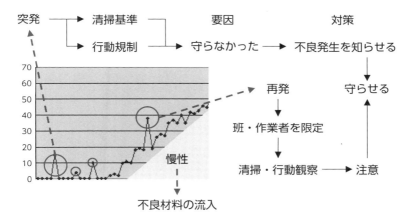

【異物別不良の発生推移グラフ】発生要素を見つける

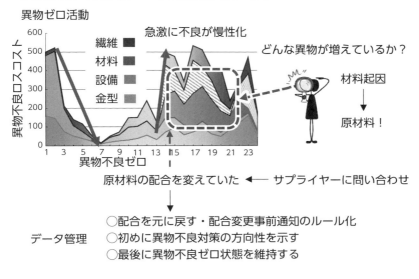

5 清掃で異物不良ゼロ状態を維持する

　日々の生産で異物は蓄積され、いつかは異物不良が再発します。その蓄積される状態をリセットし、異物不良ゼロ状態を維持するのが清掃です。

　清掃は5つあります。

1. 徹底清掃

　長年蓄積した異物を除去し、慢性異物不良をゼロにします。異物ゼロ活動を始めたときに行います。可能であれば1年に1回実施します。

2. 定期清掃

　発生源、伝達経路、パスライン、汚れがひどいところを清掃します。周期は、徹底清掃後から異物不良が発生し始めるまでの期間とします。

3. 部品交換

　フィルター、配管などのクリーン用具、設備の劣化部品を交換します。

4. 寿命管理

　クリーンスーツ、クリーンブーツのクリーニング、交換、補修します。

5. 都度清掃

　生産開始前後、生産するたびに発生源、伝達経路、製品・部品のパスラインおよび周辺を、ハンディ掃除機や粘着ローラーを使い短時間で清掃します。異物不良ゼロ状態を保つための**清掃の基本的な考え方は、生産したら清掃する、汚れたら清掃する、異物を蓄積させない**です。都度清掃により異物のポテンシャルの増加スピードが抑えられ、異物不良の発生を抑え、定期清掃の周期も伸びます。

　清掃で異物除去に時間がかかるのは、異物の固着を長期間放置しているためです。都度清掃で異物の固着を防ぎ、定期清掃の時間を短縮します。つまり、都度清掃を行うことで徹底清掃、定期清掃を短時間で行うことができるようになります。

　清掃は癖です。清掃が癖になれば、現場はいつもキレイな状態に保たれ、作業者の異物の感性も高いレベルで維持できるようになります。

第6章 ゼロに復元・維持する異物管理

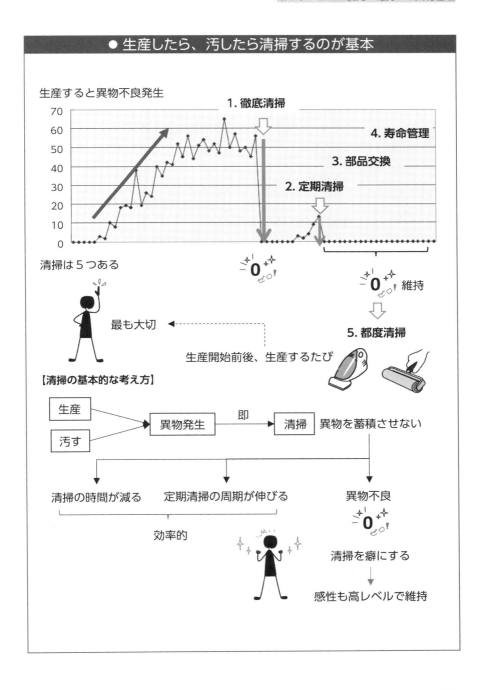

6 操業以来の異物不良を ゼロに

　材木加工メーカーでは操業以来、異物不良が慢性化していました。しかし、木材を加工するのだから、「木屑で異物不良が発生するのは当たり前」とも思っていました。そのような背景の中、本社指導の下で「異物不良をゼロにしよう」と活動を始めました。

　初めに現物分析をしました。発見できる異物は木屑と接着材。発生工程は全工程と当たり前すぎてお手上げ状態でした。

　そこで一念発起。「一度、工場全体を全員で徹底清掃してみよう」ということになり、冬の晴れた日、全工場を止め、全社員372人で1日かけて工場全体を清掃しました。天井（張っている配管の裏）、全設備（カバーを外し中まで）、床、フィルターとありとあらゆる場所を徹底的に清掃しました。

　その結果、回収できた異物はなんと300 kg！現物を見てその重量を知り、「これなら異物不良が出るのは当たり前」と誰もが納得したものです。徹底清掃の結果、清掃した7つの職場すべてで異物不良がゼロになり、徹底清掃の威力も感じました。

　その後、131カ所の発生源対策、167カ所の伝達経路対策、154カ所の清掃改善を実施し、週に40分、月に3時間の定期清掃をすることにしました。それに加え、1人ひとりにハンディ掃除機を持たせ、生産の始まる前、休憩や昼休みに現場を離れるとき、生産終了後に5分清掃してもらいました。その結果、異物不良ゼロは100日以上続き、今も継続中だそうです。

　ゼロ状態が継続できている理由は、都度清掃により生産ラインが常にクリーンな状態に保たれ、異物のポテンシャルの増加も抑えられているからだと考えられ、そのことが作業者全員のやる気を維持しています。この快挙は業界の新聞にも載りました。このことは、当該業界でいかに異物不良をゼロにするのが難しいかということの証左と言え、それを成し遂げた作業者たちは、異物不良ゼロ状態を必死に維持しようとますます励んだのです。

第6章　ゼロに復元・維持する異物管理

● 全社員による徹底清掃、452カ所の改善、都度清掃で達成

【材木加工工場】

操業以来の慢性異物不良 ⇒ 異物ゼロ活動開始！

1. **現物分析**　木屑　接着剤付着

2. **工程限定**　全工程

3. **徹底清掃**
   ⇩
   7つの職場で異物不良ゼロ

   異物の山　300kg！
   不良が出るのは当然

4. **対策と改善**

   発生源対策（131カ所）　インバーター制御による衝突緩和

   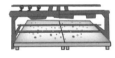
   伝達経路対策（167カ所）　切断装置に集塵装置設置

   清掃改善（154カ所）　受け皿・粘着テープ設置による異物除去時間短縮

5. **定期清掃**　1回/週：40分、1回/月：3時間

6. **都度清掃**　全員にハンディ掃除機 → 現場を離れるときに5分

異物不良ゼロ：100日以上継続

139

7 行動規制で最小限に抑える

　人がクリーンルームに多く入ると、異物（浮遊塵埃）が増えることは常識です。その理由は、人が異物をクリーンルームに持ち込むからだけではなく、人の行動が異物を発生させるからです。

　モノをつくるには、どうしても人が必要です。生産量の増加に伴い人が増えることは自然です。しかし、それに伴い異物不良が増えてしまってはいけません。

　ですから、人が増えても異物の発生を最小限に抑えることが必要になってきます。その方法が、下記の**行動規制**です。

　○クリーンスーツの着方
　○手洗いの仕方
　○エアシャワーの浴び方
　○ウェスの使い方
　○クリーンスーツを設備に接触させない
　○汚れた手袋で製品・部品に触らない
　○製品を上からのぞき込まない
　○大声禁止
　○急ぎ足禁止
　○くしゃみに注意

　これらを守らせることにより、人の行動で発生する異物を最小限に抑えることができます。

　しかし、行動規制ではどうしても防ぎ切れない発生源があります。それは、汗です。汗は、最悪の場合、汚染という深刻な事態を引き起こします。この最悪な事態を避けるために、**温湿度管理**を行います。

　温湿度管理は製品のためにのみしているのではなく、人のためにもしていることなのです。

140

第6章 ゼロに復元・維持する異物管理

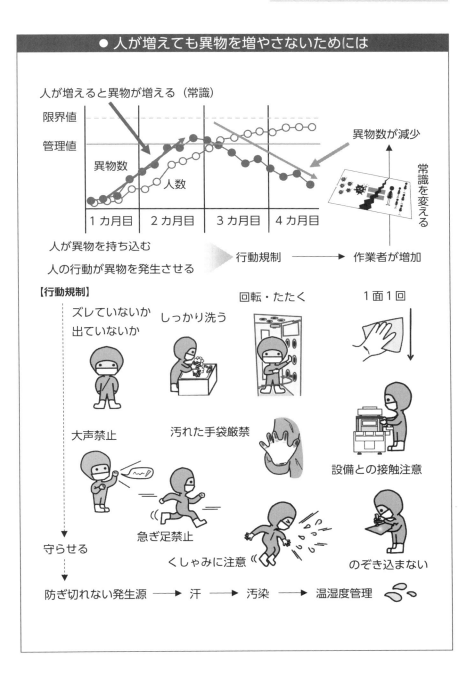

8 クリーンルームに入る前に

クリーンルームに入る前に、クリーンスーツからの発塵、手袋からの汚染を防ぐための行動が必要です。

◆ 着用前後にクリーンスーツのチェック

クリーンスーツは、着用・洗濯を繰り返していると繊維が劣化し、脇、袖口、腹、股、足元から発塵し始めます。作業中にひっかけ穴をあけると、アンダーウェアから発生した異物がその穴から排出され、発塵します。

そのような状態を見つけるために、クリーンスーツの着用前に劣化や穴をチェックし、ほつれ、ほころびを見つけたら交換し、後で補修します。

袖部、足首部のゴムのゆるみもチェックし、緩んでいたら交換し、後で補修します。着用後もチェックし、必要であれば交換、補修します。

◆ 着たら鏡でチェック

着方が悪いと作業中、歩行中に襟まわり、袖口から発塵します。着用後に鏡の前でチェックします。チェック項目は、フードはズレていないか、髪の毛が出ていないか、襟元がズレていないか、手袋とスーツの袖口の間で肌が露出していないかの4つです。

仕上げとして、粘着ローラーを新しい面にしてスーツの表面に当て、異物を除去します。

◆ 手洗いの徹底

クリーンスーツを着たら手洗いをします。

手洗いを軽く見てはいけません。いい加減な手洗いをしたために、汚染による大量不良を出した工場もあります。

「何のために手洗いをするのか」「いい加減な手洗いをすると重大事故になる」ことを全員に教え、実践で指導します。これにより、作業者は手洗いの重要性を理解し、具体的なやり方を体得し、1人ひとりが自分の意志で正しい手洗いを実行するようになります。

142

● クリーンスーツからの発塵、手袋からの汚染を防ぐ

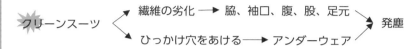

【着用前】

全体：ほつれ、ほころび、穴
袖部、足首部：ゴムのゆるみ
→ チェック → 交換

【着用後】

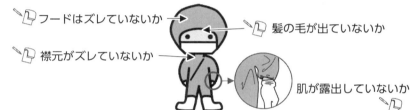

フードはズレていないか
襟元がズレていないか
髪の毛が出ていないか
肌が露出していないか

【仕上げ】粘着ローラーを当てる（新しい面で）

【手洗い】

いい加減な手洗い → 大量の汚染不良が発生

教育：なぜ、手洗いをするのか
　　　しないとどうなるのか：重大事故を学ぶ

手洗いの重要性を理解 → 正しい手洗い

実践指導：具体的なやり方を体得

9 エアシャワーの浴び方

それでは、いよいよクリーンルームに入ります。しかし、その前にエアシャワーを浴びなくてはなりません。

エアシャワーは、直立静止状態ではクリーンスーツについた異物を取り切れません。そこで、エアシャワーの浴び方の一例を紹介します。

◆ エアシャワーの浴び方

①まずゆっくり回転しながら、頭部、肩、胸を軽くたたく

②次に、もう一度ゆっくり回転しながら、手を上げ、脇の下を交互にたたき、大腿部も交互にたたく

このとき、大切なことは、**自分で異物を落としているという意識を持って1つひとつの動作を確実に実施**することです。

③そして、エアが止まったら待つ

待つ間に、落とした異物が再付着するのを防ぎます。落とした異物は床の粘着マットに付着します。

待ち時間に関して何の根拠もなく設定していたために、落とした異物がまだ舞っているのにクリーンルームに入り、再付着した異物により不良を出してしまったという失敗事例があります。

私の行っている工場では、エアの吹き出し時間が15～20秒。エアが停止してからドアが開くまで8秒としています。これは一例ですから、自分たちで実験して待ち時間を決めるとよいでしょう。

◆ ビデオの活用

エアシャワーの浴び方を言葉で言っても、写真で説明しても、初めから正しくできる人はほとんどいません。教えるときには、やってみせて、やってもらって、指摘して体で覚えてもらいます。

時間的な制約がある場合、たとえば顧客が現場に入る場合など「エアシャワーの浴び方ビデオ」を見てもらうことにより理解してもらうと便利です。

144

● 異物を現場に持ち込まない

　直立静止状態だと、異物を取り切れない部分が出る
　　　　　　　　　　　　↓
　　　　　クリーンルームの動きを想定し、動きながら浴びる

【エアシャワーの浴び方】

①**ゆっくり回転しながら**

１回転　　頭部、肩、胸を軽くたたく

②**ゆっくり回転しながら**

１回転　　手を上げ、脇の下を交互に軽くたたく
　　　　　大腿部を交互に軽くたたく

　　　　自分で異物を落としているという意識を持ち
　　　　　　１つひとつの動作を確実に実施する

③**エアが止まったら待つ**　← 落とした異物の再付着を防止する

【失敗事例】　　　　　　　　　　　粘着マットに落ちる

　舞っている異物を再付着させ　　参考：エアの吹き出し時間：15～20秒
　入場していた事実が判明　　　　　　　エア停止からドアが開くまで8秒

【ビデオの活用】

　　言葉で言っても、写真で見せてもわかりにくい ┄┄▶ 時間的制約
　　　　　　本来　↓　　　　　　　　　　　　　　　　　↓
　　　やってみる→やってもらう→指摘する　　　　来客用ビデオを活用

10 その行動が異物を発生させる

　「人の行動が異物を発生させる」ことは「行動規制」の項（140ページ）で述べましたが、その具体的な例としてクリーンスーツと設備との接触、製品の手扱いを紹介します。

　この会社では、年間3,500万円もの繊維異物不良が発生していました。その対策として、徹底清掃や異物の除去方法の改善、クリーンスーツの材質と形状変更、気流の制御のための設備のレイアウトの見直し、静電気対策と打てるだけの手を打った結果、異物不良は78％削減できました。しかし、あと22％がどうしてもゼロにできません。

　そこで作業を観察したところ、2つの現象を発見しました。

◆ クリーンスーツと設備との接触

　設備の操作盤と、クリーンスーツの腕と腹の部分が**接触**していました。そこで、操作盤の位置を120 mm内側に入れ、腕と腹が当たらないようにし、作業者にも設備と接触しないように注意喚起したのです。

　設備の製品出し入れの間口が広過ぎて外から繊維が入り、出し入れするときに手を内部に深く入れるため繊維を落としていました。製品入れの**間口を必要最小限**にして内部を**陽圧**にし、製品を**治具**で入れるようにしました。

◆ 製品の手扱い

　検査するとき、製品を上からのぞき込むことで髪の毛や皮膚が製品に落下し、製品とクリーンスーツの接触で製品に繊維が付着し、汚れた手袋で製品を触ることにより汚れを転写していました。そこで、製品の上からの**のぞき込みを禁止**し、**製品とクリーンスーツを接触しないように注意喚起**し、**クリーンな手袋を使う**ようにしました。

　これらの対策の結果、繊維不良はゼロになりました。つまり、残りの22％は人の行動による異物不良だったのです。人の行動規制の徹底は、コストミニマムで異物不良を減らす対策です。繊維異物対策の際には、作業者を観察し、行動規制を守っているかを確認することから始めます。

146

第6章　ゼロに復元・維持する異物管理

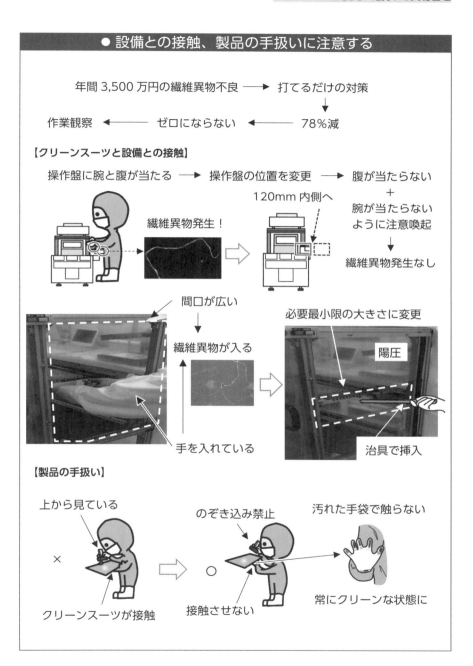

11 普段やっていることでも クリーンルーム内ではダメ

　本項も、「人の行動が異物を発生させる」ことの事例を取り上げます。今度は、普段何気なくやっていることでも、クリーンルーム内ではやってはいけないという教訓です。この教訓は、実際に異物不良を出してから得たものではなく、その行動を見て疑問に思い、調査してみたらやってはいけない行動だったという類のものです。

◆ 大声禁止

　工場のあるシフトで、生産開始時に粉塵が増加する現象が起きました。調査をしたところ、そのシフトの監督者が朝礼時に大声で訓示していたそうです。その塵埃量は普段の値より200～300個多く、40cmの距離まで飛散することもわかりました。

　クリーンルーム内では**大声禁止**です。

◆ 急ぎ足禁止

　現場での急ぎ足は禁止です。

　床の塵埃は、急いで歩くと舞い上がります。測定によると、ゆっくり歩くときより200～400個増えることがわかりました。

　台車で製品を運んでいるときも、早く押すと車輪に静電気を帯び、異物を集めてしまいます。そればかりか、転倒の危険性もあります。ですから、クリーンルームではゆっくり静かに歩きます。

◆ くしゃみに注意

　クリーンルーム内でのくしゃみには注意が必要です。マスクをしていても2mも飛散し、汚染の可能性が出てきます。

　搬送しているとき、くしゃみをして製品を落とし、大きな損害を出してしまった例もあります。しかし、「くしゃみをするな」と言っても無理です。ですから、体調不良でくしゃみをするかもしれないと思ったら、上司と話し合い、クリーンルーム内での作業は他の人に代ってもらいます。

148

第6章 ゼロに復元・維持する異物管理

● 普段の行為が異物を発生させる

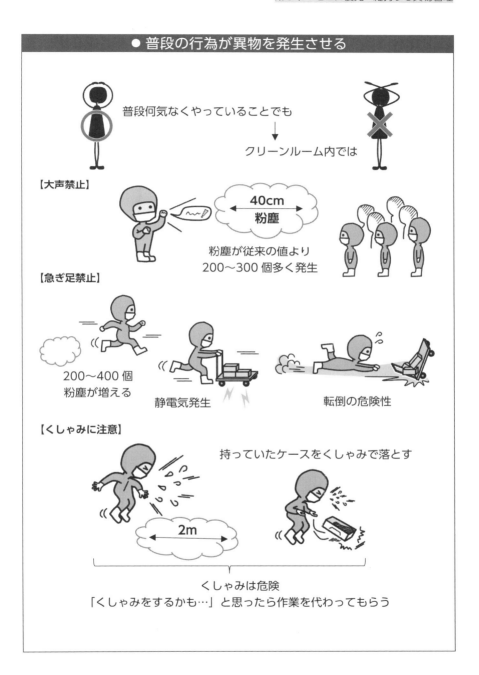

12 温湿度管理の重要性

　体験をしてみて、やっていることの新たな意味を改めて認識することがあります。

◆ 失敗事例−1：空調を止めるとどうなる

　正月の長期連休を迎え、生産も忙しい状態ではなかったので、省エネ（コストダウン）のため空調を止めました。

　連休明け、生産開始前日に空調をONにしましたが、すぐには温かくならず、例年にない大寒波から作業者が厚手のアンダーウェアを着込んで来ました。それにより大量の異物が発塵し、不良が増加してしまいました。

　しかしそれだけでは終わらず、大寒波が去った後、着込んできたアンダーウェアが暑過ぎ、発汗してナトリウム汚染まで引き起こすという大惨事につながったのでした。

◆ 失敗事例−2：大雪が降るとどうなる

　大雪の日、急に大量の異物不良が発生しました。原因は治工具の帯電でした。通常55±5％に保たれている湿度が、大雪により乾燥して42％になり、そのような事態を引き起こしたのです。

　以上の2つの体験は、温湿度管理は製品のためにだけやっているのではない、ということを教えてくれました。

◆ 失敗事例−3：自動調整を信じ過ぎるとどうなる

　決められた定期環境測定を実施したところ、ナトリウム汚染濃度が増加していました。原因は、湿度が68％を超えたことによる作業者の発汗でした。温湿度を自動調整しているにもかかわらず、異常気象により調整が追いつかなかったようです。

　この経験は、「温湿度が自動調整されているからといって安心し切っていてはいけない」「急激な環境変化に追いつかないこともある」「日々の点検は大切であり、異常気象には注意せよ」という教訓を与えてくれました。

150

第6章　ゼロに復元・維持する異物管理

● 温湿度管理は人のためでもある、異常気象に注意

失敗事例 -1　空調を止めた

長期の休み　→　空調 OFF　→　生産開始　→　空調 ON

大寒波　→　暖かくならない　→　作業者が厚着

不良発生！　←　発塵　←

ナトリウム汚染　←　発汗　←

失敗事例 -2　大雪が降った

異物不良が大量発生　→　調査　→　治工具の帯電

↓

湿度の低下

通常：55±5%

↓

大雪　←　42%

失敗事例 -3　自動調整を信じ過ぎた

環境測定　→　ナトリウム汚染濃度増加　→　湿度：68%

↓

異常気象

↓

作業者が発汗

温湿度を自動調整しているのに

↓

急激な環境変化に対応し切れない

↓

日々点検＋異常気象に注意

151

13 すべては人がすること だから教育・訓練は大切

　教育・訓練は異物ゼロ活動がスタートし、最終的に異物管理の仕組みをつくり上げるまでの一連のプロセスを支える大切な機能です。教育・訓練プログラムは9科目となります。まず、基礎教育として4科目を教えます。

　①現場の鉄則：実践指導

「標準は必ず守る」「わからないことがあった場合に勝手な判断をしない」「ミスをしたらそのまま流さない」「ミスをしても勝手に修理しない」という4つの鉄則を教えます。

　②行動規制：実践指導

　③検査：ST検査の仕方

　④異物除去：実践指導

　次に、小集団活動として3つの活動を展開します。

　⑤安全：災害ゼロへのアプローチを学び、実践

　⑥整理・整頓：実践2Sへのアプローチを学び、実践

　⑦改善：異物ゼロへのアプローチを学び、実際に異物不良をゼロ化

　ゼロにならないときの理由は「ステップ通りやっていない」「理解度不足」「徹底度不足」です。したがって、ステップ通りに実施し、異物不良がゼロになるまでやり続けます。そして、日常生産の中で使う2つの実施事項を教えます。

　⑧清掃

　異物ゼロへのアプローチの実践により生まれた清掃基準書を教え、現場でやってもらいます。その際、清掃をやる意味、やらないとどうなるかを教えます。

　⑨データ管理

　監督者、品証スタッフには、異物に関するデータの収集の仕方、グラフの見方を教えます。

　以上の教育・訓練により、異物の感性が高い人材を育成します。新人が入ってきたら、9科目を計画的に教えて実践させ、真っ新な頭に異物に関する知識を刷り込みます。

152

第6章　ゼロに復元・維持する異物管理

● 基礎教育、小集団、日常生産の３つの形態で進める

異物ゼロ活動　→　教育・訓練　全プロセスを支える　↓　大切　→　異物管理の仕組み

【教育】考え方を理解　　　　　　　　　【訓練】実践し身につける

（基礎教育）

①現場の鉄則　　　　　　→　守っていないときに注意

②行動規制　　　→　実践指導

③検査

④異物除去

（小集団）

⑤安全：災害ゼロへのアプローチ　　　　→　実践

⑥整理・整頓：実践 2S へのアプローチ

⑦改善：異物ゼロへのアプローチ　→　実際に異物不良をゼロにする

（日常生産）

⑧清掃（現場）

　　○やる意味を教える
　　○やらないとどうなる
　　　かを教える

⑨データ管理（監督者、品証スタッフ）

→　ゼロにならない

ステップ通りやっていない　理解・徹底度不足

反省

やり直す

【新人教育】

真っ新な頭に刷り込み　→　感性の高い人材

column 6

なぜ、外観検査にAIを使うのか

　現在、ほとんどの企業は外観検査を人に頼っています。しかし、人に頼った検査は、以下の問題があります。

　○見逃しがある、見逃しを回避しようとすると過剰検出になる

　○人による判定のバラツキがある、同じ人でもその時々でばらつく

　○検査データが残らない、判定の根拠が残らない

　○技能伝承できない、人材育成に期間と費用がかかる

　では、外観検査装置を入れようということになりますが、実際に導入してみると、「誤判定が多い」「人が見て判定できるのにそれができない」という問題が生じます。

　そして、それを克服しようとするとシステムが複雑になり、条件設定が煩雑になり価格も高くなるという新たな問題を生み出します。その結果、「やっぱり人で検査した方がよい」という結論に達し、人に頼った検査に戻ってしまいます。これがほとんどの企業がたどる道です。

　これらの問題をAIで解決します。AIの活用により、「従来の外観検査装置では判定ができないが、人ならできる」検査システムをつくり出します。

　AIというと「高いんじゃない？」「ほんとに使えるの？」という疑問を持つ人がいるかもしれません。しかし、大丈夫。ここ数年の技術革新により、AIの使用費用は劇的に安くなり、精度も格段に上がってきました。

　AIによる外観検査システムの導入は、人に頼った検査から脱却する可能性を探る試みであり、現在、着々と実現に向かっています。これからの時代、人手不足になります。人に頼った検査は早晩限界が来るはずです。その限界が来る前に、AIの自動検査の導入検討をお勧めします。

第7章 実際の活動に見る異物ゼロ化の勘所

1 事例Ⅰ−① 顧客クレームにより活動開始

　半導体工場といっても後工程の課題は、チョコ停や故障などの設備トラブルがメインであり、異物の不良率も0.25％と低いレベルであったため長年放置していました。その状況を一変させたのが顧客クレームでした。これまでも「入れない」「つくらない」「出さない」という活動をしていましたが、まったく効果が出ず異物不良は慢性化していました。

　しかし、今回は顧客クレーム対応ですから、絶対に異物不良をゼロにしなくてはなりません。そこで「異物ゼロへのアプローチ」に従い、異物分析から始めることにしました。その結果、異物不良の48％が繊維、24％は樹脂、22％がはんだであることが判明しました。

　そこで、全社員527人で7.5時間かけ徹底清掃を行い、全工場・全エリアの異物を採取して発生源を突き止めました。内訳は、繊維のうち39％がテスト基板の繊維（ガラス屑）、32％がウェス、10％がクリーンスーツ、7％がマジックテープ、5％がクリーンペーパーでした。樹脂は、91％が製品から発生した樹脂屑、9％がトレイから発生したトレイ屑と判明。はんだは、72％が設備で発生した製品のカット屑、28％はバリ屑でした。

　そこで、これら9種類の異物の発生源に対し、7つの対策を打ちました。まずは、ワースト−1のテスト基板の繊維対策です。

　作業を観察したところ、作業者が試験機のラックにテスト基板を入れる際、ラックと炉に基板の角を当て繊維（ガラス屑）を発生させていたことがわかりました。そこで、当たる部分に保護金具を取り付けました。しかし、金具を当てると金属異物が発生するため、作業者に手扱い教育も実施しました。

　また炉内清掃の結果、不良を起こしている90％の異物が採取できました。それにより、基板に付着した異物が炉内の熱風で巻き上げられ、それが再付着していることがわかりました。そこで、都度清掃もやってもらうことにしたのです。

● 異物不良は複数の異物から発生していた

異物不良率：0.25％ → やはり長年放置→ 顧客クレームで活動に取り組む

現物分析 ⟶ 徹底清掃（527人・7.5時間） ⟶ 異物を採取・分析

繊維
(48％)

テスト基板
直線（黒）

ウェス
ささくれ（白）

クリーンスーツ
湾曲（白）

マジックテープ
直線状（透明）

樹脂
(24％)

製品屑

トレイ屑

クリーンペーパー
もじゃもじゃ（灰）

はんだ
(22％)

設備カット屑

設備バリ屑

この分析力はすばらしい！

その他
(6％)

7つの対策

1. テスト基板繊維対策

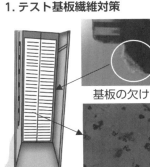

試験機

基板の欠け

不良を起こしている90％の異物を採取

作業時にラックと炉に当てて削れる ⟶

保護金具設置

手扱い教育

熱風で巻き上げられる

基板上の異物 ⟸

再付着 ⇩

都度清掃：基準

2 事例Ⅰ-② 発生源対策と清掃で異物不良がゼロに

　続いて、ウェスから発生する繊維に対する対策に取り組みました。まず、現行のウェスの材質を評価しました。しかし問題はなく、繊維異物は作業者の使い方から発生していることがわかりました。そこで、ウェスの扱い方を全作業者に教育しました。

　クリーンスーツについているマジックテープからの繊維に対しては、ほつれを補修し、ひどいものは交換し、寿命管理することにしました。

　クリーンペーパーに対しては、調査したところ端面劣化、破れ、擦れで発塵するということがわかりました。そこで、現場にあるすべてのクリーンペーパーをチェックし、端面劣化、破れがあるものは交換。作業者にも紙同士を擦らないように指示しました。それに加え、クリーンペーパーの定期的な点検をルール化したのです。

　設備で発生する製品の樹脂異物は、金型の摩耗、カット部への堆積が原因でした。対策として、金型メンテナンスとカット部の形状変更をし、都度清掃をルール化しました。

　トレイ屑に対しては、トレイを選別して使えるトレイだけを残し、都度洗浄・除電することにしました。また設備のカット屑、バリに対しては原則を整備し、金型のショット管理、都度清掃をすることにしました。

　これら7つの対策を打った結果、対策を打つたびに各異物不良は確実に減っていきました。最終的に異物不良はゼロになり、不明だった6%の異物もなくなったのです。

　その理由をみんなで話し合った結果、

　○繊維に対しては徹底清掃が効いた

　○長年の蓄積異物が徹底清掃でなくなった

　○7つの対策が効いた

という結論に達し、徹底清掃と発生源対策の大切さを認識しました。

158

● 正体不明の異物不良もなくなる

2. ウエス繊維対策

現行のウエスを評価 → 問題なし → 作業者の扱い方に問題あり
→ ウエスの扱い方を全作業者に教育

3. クリーンスーツ・マジックテープ繊維対策

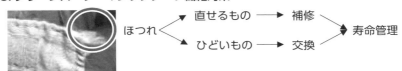

ほつれ → 直せるもの → 補修 → 寿命管理
　　　 → ひどいもの → 交換 →

4. クリーンペーパー繊維対策

調査：新品からは発塵しない → 定期点検：端面劣化、破れ → 交換
↓
端面劣化、破れる、擦れる発塵

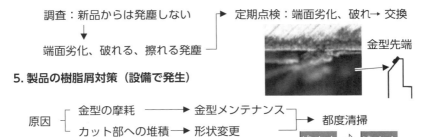

金型先端

5. 製品の樹脂屑対策（設備で発生）

原因 ┬ 金型の摩耗 → 金型メンテナンス ┐
　　 └ カット部への堆積 → 形状変更 　┴→ 都度清掃

ピンカットパンチ C面 ⇒ ピンカットパンチ R面

6. トレイ屑対策　トレイの選別 → 都度洗浄・除電

7. 設備カット屑、バリ対策　原則整備／金型のショット管理 → 都度清掃

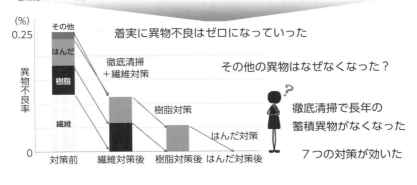

着実に異物不良はゼロになっていった

その他の異物はなぜなくなった？

徹底清掃で長年の蓄積異物がなくなった

7つの対策が効いた

3

事例 Ⅱ −①
もう1つの半導体後工程

　別の会社の半導体後工程でも、顧客クレームにより「異物不良ゼロ活動」を始めることにしました。この会社は今まで特別な異物対策をしたことがなく、そのような意味で、初めから「異物ゼロへのアプローチ」のステップに沿って活動を進めていきました。

◆1ステップ：現物分析

　繊維が54%、アルミが20%、鉄が6%、20%が不明でした。

◆2ステップ：工程限定

　繊維に対してレファレンスを作成し、6種類の繊維（無塵服、マジックテープ、インナー手袋、マスク、ヘアキャップ、テクノワイプ）と現物を比較したところ、43%がテクノワイプから発生していることがわかりました。

　アルミに対してもレファレンスを作成し、マガジンから発生しているということが判明しました。また、鉄に関してはクリーンワークを流し、乾燥炉から発生していることを突き止めました。

◆3ステップ：徹底清掃

　繊維異物対策のために、工場全体の徹底清掃をしました。

　繊維は、天井の配管（の裏）、製品の通る設備の搬送部、パネル上と至るところに堆積していました。分析すると、セルロースが76%、ポリエステルが12%、アクリルが6%、髪の毛が6%でした。

　そこで、アルミの発生源と思われるマガジンはすべて点検し、こすれているものは新品に交換しました。乾燥炉は、内部の棚、パンチングプレートをきれいに清掃しました。

◆4ステップ：発生源対策

　繊維異物の43%も占めるテクノワイプについては、端の部分から発塵していることがわかりました。その対策として、末端が処理してあり発塵レベルが2ケタ低いシールドエッジワイプに変更しました。

● ステップ通り進めると発生源が見えてくる

【半導体後工程】異物不良率 0.2%

1. 現物分析

繊維（54％）

FT-IR スペクトル

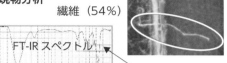

アルミ（20%）

鉄（6%）
不明（20%）

一致！

2. 工程限定

①繊維：レファレンス

テクノワイプ

繊維の43%

クリーンルーム内至るところで使っていた

②アルミ：レファレンス

マガジン

③鉄：クリーンワーク流し

乾燥炉

3. 徹底清掃

○繊維→ 堆積（セルロース、ポリエステル、アクリル、髪の毛）→ 除去
○アルミ→ 全マガジンを点検→ こすれているものは新品交換
○鉄→ 全乾燥炉の内部の棚、パンチングプレート→ 清掃

4. 発生源対策

①繊維対策

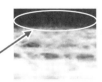
端から繊維が発生していた

末端処理
発塵レベルが2ケタ低い

シールドエッジワイプ

4 事例Ⅱ－② 活動の結果、貴重な経験則も得られた

アルミに関しては、マガジンに対して以下の3つの対策を行いました。

○従来カセットはNo.プレートをクリップで閉じ、それを閉じたまま引き上げていたためアルミ屑が発生していた。そこでクリップを廃止し、マガジン自体にNo.を刻印した

○作業者がカセットにリードフレームを入れるときにひっかけ、アルミ屑を発生させていた。そこで、手扱い教育を行った

○マガジンを設備に装着する際に、保持部分がぶつかって削れていた。そこで新品のマガジンに交換し、毎回清掃することにした

また鉄に関しては、乾燥炉へのカセットの出し入れ作業を観察しました。その結果、乾燥炉にマガジンを入れる際、棚板が固定されているためパンチングプレートをこすりながら入れ、表面にキズがつき、その異物が棚板に落ちて乾燥時に舞い、製品に付着していたのです。そこで、対策として棚板を「挿入する」から「乗せる」に変更し、その作業方法を作業者に教育しました。

◆5ステップ：伝達経路対策

気流の調査を行った結果、3つの保管棚で作業者側から製品に気流が流れ込んでいることがわかったため、場所を変更してカバーを設置しました。このほか、2カ所でエアガンを使っていたのを使用禁止にしました。

以上の対策をした結果、0.2%の異物不良をゼロに抑えることができました。と同時に、今回の活動では、

○ウェスの材質選定の重要性

○気流の制御の重要性

○エアブロー禁止の意味

○手扱い教育の必要性

という異物不良ゼロを実現するための4つの経験則も得られました。

第7章　実際の活動に見る異物ゼロ化の勘所

● 方法変更、設備改造で異物不良をゼロにする

②アルミ対策：マガジン

対策1　クリップを閉じたまま
引き上げていた

No. 刻印

⇨ クリップ廃止

対策2　リードフレームがひっかかる

○手扱い教育
○マガジン交換
↓
毎回清掃

対策3　ぶつけて
削れる →

③鉄対策：乾燥炉

パンチングプレートにキズ
→異物発生

マガジンをこする

異物が落ちる

乗せる　　　挿入する

棚板固定
レール変更

乾燥時、舞い上がり付着

5. 伝達経路対策：気流調査

○保管棚　→　作業者側から製品側へ気流　→　場所変更／カバー設置

○エアガン使用 → 禁止

異物不良　0　＋経験則　　　財産！

163

5 事例Ⅲ−① 原因不明の問題に取り組む

　半導体前工程のプローバー（ウェハ特性検査装置）では、良品を不良品と判定する原因不明の誤判定に悩んでいました。そこで、まず異物の観点から誤判定対策に取り組みました。

1. 異物の正体

　誤判定が起きた後でウェハ、プローバー上の異物を採取しようと試みましたが、異物は見つかりませんでした。

2. 塵埃測定

　塵埃測定しました。その結果、装置内部の異物が非常に多く、稼働部下位は他の部位の7倍も舞っていることがわかりました。

3. 徹底清掃

　そこで、徹底清掃をしました。掃除機ですべての部位を吸引し、ベンコットンでアルコール拭きしました。異物も採取・分析し、繊維、皮膚、シリコン、チタン、アルミを検出しました。

　「よし、これでいける」ということで測定してみたものの、誤判定は減っていません。そこで、再度ステージ上から異物を採取してみると、すでに多くの異物が付着していました。

　「もしかしたら、清掃の方法が悪かったのかも…」とも思いましたが、清掃してから数時間しか経っておらず、こんなに多くの異物がステージ上に残っているはずがありません。そのとき、塵埃測定の結果を思い出しました。「徹底清掃直後でも異物が付着しているのは、気流のせいでは？」と考えたのです。

4. 気流測定

　自分たちで気流測定器をつくり、気流の調査をしました。その結果、測定部に4方向から激しい気流が流れ込んでいることがわかりました。その理由は、測定器が下部から気流を取り込み、装置の温度を下げる構造になっていたためでした。

164

第7章　実際の活動に見る異物ゼロ化の勘所

● 誤判定の原因は異物か

【半導体前工程 / プローバー】　誤判定　→　装置を点検　→　原因不明
　　　　　　　　　　　　　　　　↓
　　　　　　　　　　　　　異物が原因？

1. 異物の正体

　　誤判定が発生　→　現物が見つからない

2. 塵埃測定

　　装置内部の異物が多い：稼働部下位は他の部位の7倍　◀

3. 徹底清掃

　　○掃除機で吸引し、ベンコットンでアルコール拭き　　　　┐
　　○異物の採取・分析：繊維、皮膚、シリコン、チタン、アルミ　┘ これでいける！
　　　　　　　　　　　　　　　　　　　　　　　　　　　　　　　　↓
　ステージ上の異物の付着が多い　◀　誤判定は減らなかった

　　　　　　　清掃方法が悪い？ ──────────▶ これを忘れていた

4. 気流の測定

自分たちでつくった

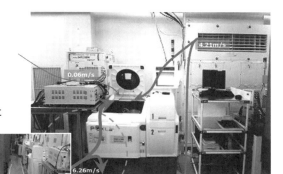

4方向から激しい気流が流れ込んでいる！

下部より気流を取り込み温度を下げている

165

事例Ⅲ－②
すべての生産要素に対策

続けて、以下の対策を実行しました。

5. 気流対策

冷却効果に影響を与えない範囲で、気流が測定部に直接当たらないようにカバーを設置しました。また、別の装置のファンの吹き出し口から激しい風が当たっており、その吹き出し口にもカバーを設置しました。

この2つの対策により、ステージ上の異物が1/4に減りました。ただし、まだ誤判定はゼロになっていません。そこで、「設備にも問題があるのでは？」と考えました。

6. 設備の原則整備

誤判定に最も影響がある測定部で、あるステージに注目し、原則整備しました。その結果、ステージ上に突起、金めっきの剥がれ、キズという3つの原則の崩れを発見しました。そこで、ステージ交換したところ、誤判定はゼロになりました。しかし、ウェハを載せるだけでステージに突起、剥がれ、キズが発生した理由がわかりません。そこで、今度は作業に注目しました。

7. 作業観察

作業観察により、誤判定が慢性化したメカニズムが解明できました。

○作業者がステージ上にドライバーを落とし突起が発生

○作業者は突起を砥石で削り、誤判定対策とした

○その対策によりステージ上に剥がれ、キズがつき、誤判定が慢性化した

そこで、その砥石でステージを削る作業をやめてもらったのです。

8. 新たな誤判定予防策

以上の対策を打った後、測定を開始し、誤判定が出た瞬間にステージ上の異物を採取しました。その結果、気流に乗った繊維と、測定で接触することにより転写したウェハ屑が採取できました。

その対策として、測定後は粘着ローラで都度清掃することを、新たな誤判定の予防策として決めました。

● 異物対策＋原則整備＋作業改善でゼロ化に

5. 気流対策

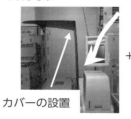
カバーの設置

＋

カバーを設置

冷却効果に影響を与えず
付着異物 1/4 減

↓

誤判定はゼロ
になっていない

6. 設備の原則整備

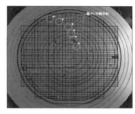

ステージ（測定部）に着目

①突起
②金めっきの剥がれ　— 原則の崩れを発見！
③キズ

誤判定ゼロ!! ← 復元：ステージ交換

7. 作業観察

メカニズムの解明

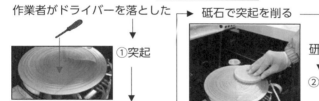

作業者がドライバーを落とした → ①突起 → 砥石で突起を削る → OK

↓　　　　　　　　　　　　　　　　　　　　　　　　　↓
誤判定（突発）　　　　　　　　　　　　研磨が誤判定対策
　　　　　　　　　　　　　　　　　　　　　↓
　　　　　　　　　　　　　　　　　②剥がれ　③キズ
　　　　　　　　　　　　　　　　　　　　　↓
　　　　　　　　　　　　　　　　　誤判定（慢性化）

8. 新たな誤判定対策

測定 → 誤判定 → ステージ上の異物採取

粘着ローラーで都度清掃

繊維
（気流）

ウェハ屑
（接触）

7 事例Ⅳ−① 自動車・塗装工場における異物対策

　自動車の塗装工場では、25年間慢性化していた異物不良をゼロにしようと活動を開始しました。まず現物分析し、車体から持ち込み鉄粉が41％、塗料23％、オーブンの錆8％ということがわかりました。

　次に、工程限定として**クリーンボディを流し**ました。その結果、異物不良が1/10となり、持ち込み異物ゼロ＋すべての工程でクリーンボディがつくれれば、不良は1/10になるという確証が得られたのです。そこで、塗装工程の全作業者に外部社員を加えた207人で、3日かけて全ラインの徹底清掃を行いました。

　その結果、10の発生源が見つかり、発生メカニズムもわかりました。

　まず、車体工場から車体に付着した鉄粉（①）、溶着したスパッタ屑（②）、シール材（③）が持ち込まれます。①と③は前処理槽、電着槽でいったん落ちますが、②はそのまま車体に残ります。しかし、①と③を落とすことにより槽は徐々に汚れ、最終的には②のすべてと①と③の一部が車体に残り、その後のラインに流れていきます。

　搬送ハンガーでは、付着した塗料の固まり（④）が車体に落ちます。

　チェーンのオイル受けからは、潤滑オイル（⑤）が車体に落ちます。

　オーブンに入ると錆（⑥）が気流に乗って付着します。

　ワイピングマシンでは、ダチョウの羽（⑦）が付着します。

　人手による塗装では、作業服、腕袋、マスクから発生した繊維（⑧）が作業中に気流に乗り、車体に付着します。清掃時に使う綿布からも、繊維（⑨）が発生して付着します。

　ロボットの塗装では、先端の口金、配管（バルブ）、材料タンクに残った塗料の固まり（⑩）が塗料と一緒に散布されます。

　以上の結果を知り、25年間悩まされていた異物不良がいかに複雑なメカニズムで発生していたかがわかり、同時にこのメカニズムさえ理解すれば、後は異物対策を淡々とこなせば異物不良は必ずなくなるとの確信を得たのでした。

● 複雑な発生メカニズム

1. 現物分析：鉄粉、塗料、オーブンの錆、シール材、繊維…

2. 工程限定：クリーンボディ流し ➡ 異物不良 1/10

3. 徹底清掃：参加人数：207人×3日間

クリーンボディ
をつくれば不良は
1/10になる

車体から
　①付着した鉄粉
　②溶着したスパッタ屑
　③付着したシール材
　　　が持ち込まれる

前処理・電着槽で
　①付着した鉄粉　　　　　そのまま残る
　②溶着したスパッタ屑　　槽に残る（汚染）
　③付着したシール材　　　①②槽の中の鉄粉
　　再付着する　　　　　　③槽の中のシール材

車体工場

塗装槽

ハンガー

ハンガーから
④塗料の固まりが落ちる

オイル受けから
⑤オイルが落ちる

ロボット塗装で
⑩先端の口金
　配管（バルブ）
　材料タンク
に残った塗料の固まりが付着

人の塗装で
⑧作業服
　腕袋
　マスク
から繊維が付着する
（気流に乗る）

ワイピングマシンで
⑦ダチョウの羽が付着

オーブンで
⑥錆が付着

清掃用の⑨綿布から繊維が付着する

10の発生源が異物不良を発生させていた

8 事例IV－② メカニズムがわかれば、あとは対策

　異物不良の発生メカニズムを理解した上で、車体工場と塗装工場で2つのプロジェクトを発足し、10の対策を同時進行で進めていきました。

①付着鉄粉はサプライヤーで発生していたため、出荷前にサンディングしてもらうことにした

②溶着スパッタ屑の原因は、溶着機の溶接位置ズレと部品の形状不良であった。そこで、溶接機の溶接位置を0.5 m以内まで調整した。このほか、部品の形状不良はサプライヤーで発生していたため調査し、金型の寿命と治具の精度が出ていないことが原因と突き止め、金型メンテナンスと治具の精度出しを実施。この3つの対策によりスパッタ屑を1/10に抑えた

③付着シール材に関しては、塗布装置の塗布量、スピード、位置を見直し、それでもはみ出しているシール材は手作業で除去。また歯止めとして、塗装工場前にジェット洗浄機を設置した。以上の対策により、塗装工場への持ち込み異物を1/50とした

④ハンガーから落ちる塗料の固まりに対して、落下防止カバーを設置した

⑤チェーンのオイル受けから落ちるオイルに対して、オイルパンの形状を変更した

⑥錆対策として、オーブンの材質を鉄からステンレスに変更

⑦ダチョウの羽については寿命管理をした

⑧作業服、腕袋、マスクから発生する繊維に対しては、材質変更と気流の制御を行い、最終的には自動化した

⑨清掃用綿布の繊維に対しては、材質変更と使い方の教育を実施

⑩塗料の固まりに対しては、ロボット塗装機に自動循環洗浄機能を追加した

以上の対策により、異物不良を92%減らすことができました。

● 2つのプロジェクトで10の対策を同時進行

【車体プロジェクト】

①付着鉄粉 ⟶ サプライヤーでサンディング

②溶着スパッタ屑

　　原因1：溶接位置ズレ ⟶ 位置調整

　　原因2：部品の形状不良 ＜ 金型メンテナンス
　　　　　　　　　　　　　　治具の精度出し

　　　　　　　　　　　　⇩

③付着シール材　　　　スパッタ屑 1/10 ⟶ 残ったスパッタ屑
　○塗布量＋スピード＋位置　　　　　　　　　　　↓
　○手作業ではみ出し除去　　　　　　　　　　サンディング

　　　＊歯止め：ジェット洗浄

　　　　　　　　　　　　　　　　　　持ち込み異物は 1/50

【塗装プロジェクト】

④塗料の固まり ⟶ 塗料落下防止カバー設置

⑤オイル ⟶ オイルパンの形状変更

⑥錆 ⟶ 鉄からステンレスへ材質変更

⑦ダチョウの羽 ⟶ 寿命管理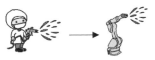

繊維 ┬⟶ ⑧作業服、腕袋、マスク：材質変更＋気流の制御＋自動化
　　 └⟶ ⑨清掃用綿布の材質変更＋使い方の教育

⑩塗料の固まり ⟶ 自動循環洗浄機能追加

　　　　　　　　　⇩

　　　　　異物不良 92％減

9 活動を継続させるには

　異物不良ゼロ**活動をスムーズに立ち上げ、継続させるトリガーは成功体験**です。その成功体験を初めに味わうのが、徹底清掃です。

　まず初めに、トップから全作業者に向けて「みんなで異物を一掃するぞ〜」と開会宣言します。これにより全員の**士気を高め**、1人ひとりに**やる気を芽生えさせます**。

　しかし、この段階でのやる気は「トップがこんなに気合いが入っているんだから、ま、やってみるか」という程度のもので、いつでもそのやる気は吹っ飛んでしまいます。この気持ちを変えるのが**成功体験**です。自分がやった清掃で異物不良がなくなったという**成功体験**が、「異物不良って本当にゼロになるんだ！」「これからは自分の手で異物不良をゼロにしていくんだ！」という気持ちを生みます。

　この気持ちが、やる気の芽を**確信**に変え、確信が1人ひとりを**本気**にさせ、1人ひとりの本気が集約すると全員の**士気**が高まり、次の目標に向かって全員でチャレンジしていきます。そして、そのチャレンジにも成功すると、**自信が生まれ**、その**自信により成功のためには努力をいとわなくなる強い気持ちが生まれ、活動は継続**するのです。

　活動を立ち上げ継続させていくには、以上の流れをつくり出すようにします。その具体的なツールが「モラルアップへのアプローチ」です。

　モラルアップへのアプローチは、「率先垂範」「やる意味を教える」「適切な目標を与える」「適時アドバイスする」「成功させる」「ほめる」「わからないときには一緒に考える」「みんなで考える」「毅然と接する」という9つの施策からなり、作業者のやる気を喚起し、継続させます。

　活動が継続するか頓挫するかは、すべて**人の気持ち次第**です。人の気持ちをどうマネジメントしていくかが活動の成否を決めます。成果や結果だけにとらわれるのではなく、活動を通して作業者のやる気もアップしていきます。

172

第7章 実際の活動に見る異物ゼロ化の勘所

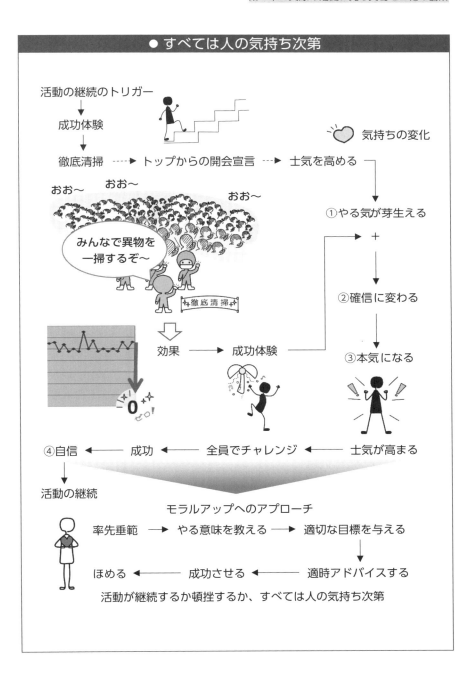

10 これからクリーン化を始めるみなさんへ

　最後に、これからクリーン化を始めるみなさんが、何から始めてどう進めていくかの手順について解説します。生産開始前までに、巻末に掲載した添付シートの「スタートアップリスト」に従い、事前に異物対策を実施します。

1．発生源対策

　クリーンスーツ、マスク、手袋、ウェスの材質、形状の検討をします。工場全体として、温湿度管理を行います。

2．伝達経路対策

　外部との遮断、気流制御、静電気対策を行います。また、気流と静電気の観点からモノの置き場所、置き方の設計、設置を行います。

3．ビデオ清掃基準書の整備

　すべての清掃に対して基準書があるか、その清掃基準書で清掃を行ったときに確実に異物は減るか、時間がかかり過ぎていないかを調査し、改善した後にビデオ清掃基準書を作成します。

4．教育・訓練

　異物不良をゼロにするために必要な9科目を教育し、**やる意味を教え、できるまで訓練**します。

　ここまで終わったら、生産を開始します。

　生産を開始したら、添付してある「現場チェックリスト」でルールが守られているかを確認します。

5．現場チェック

　決められたことが**守られているかを点検し、守られていなかったらその場で注意し、守らせます**。

6．定期清掃、定期点検、寿命管理

　定期清掃、定期点検、寿命管理が行われているかを点検し、異物不良の推移からその効果を測定します。

174

第7章 実際の活動に見る異物ゼロ化の勘所

● 2つのチェックリストを使い、6つの施策を打つ

【生産開始前】

1. 発生源対策 ── 材質検討　＊特にウェス
　　　　　　　└ 温湿度管理

スタートアップリスト
（182ページ参照）

2. 伝達経路対策 ── 外部との遮断
　　　　　　　　├ 気流制御
　　　　　　　　└ 静電気対策

＊モノの置き場所、置き方

3. ビデオ清掃基準書の整備
　○すべての清掃に基準書があるか
　○清掃の効果はあるか
　○時間がかかり過ぎていないか

4. 教育・訓練
　9科目
　＞やる意味を教える
　＞できるまで訓練する
　　　　　　　　　　＊現場の鉄則
　　　　　　　　　　の再確認

【生産】

5. 現場チェック

　①クリーンスーツ
　②行動規制
　③モノの置き場所、置き方
　④清掃観察
　⑤異物除去作業観察
　⑥設備観察
　⑦気づかない場所

現場チェックリスト
（184ページ参照）

決められたことが守られているか
　↓
守られていなかったらその場で注意

6. 定期清掃 　定期点検 　寿命管理

175

column 7

経験から得た知識を積み上げ活用する

　すべての活動を通して、

　①工場が違っても同じような異物（不良）が発生している

　②長年悩んできた異物不良は複数の異物から構成される

　③異物不良を一気にゼロにするには徹底清掃が有効である

　④異物対策は1つひとつの異物に対して丁寧に進めていく必要がある

ことがわかりました。これらが、異物不良ゼロの基本的な考え方のベースになりました。

　活動が終了した人たちが共通して挙げる反省は、

　①異物不良をゼロにしようという発想がなかった

　②過去の経験に頼って同じようなことをしていた

　③異物に関しての知識がなかった。新しいことを学んでいなかった

　④現場で現物を見ていなかった。現場に行ったことがなかった

　⑤論理的思考ができていなかった。決めつけていた

というものでした。これらは、「異物ゼロへのアプローチ」の留意事項に組み込みました。

　27年間、異物に取り組み、気づき感じたことは、

　○体験から得た知識を積み上げることにより、どの現場でも使える知識体系
　　（手法）が構築できる

　○素直に学び、ステップ通り実践し、良い結
　　果が出るまであきらめない気持ちが必要

ということでした。

　この気づきが、まったくの素人だった私が異物の本を書こうと思ったきっかけであり、途中で悩みながらも無事に書き上げられた原動力になっていたように思うのです。

176

索引

【英数字】

AIの自動検査……………………… 130
EDX………………………………… 98
HEPAフィルター………………… 48, 84
KYT（危険予知訓練）…………… 36
LEDライト……………………… 112, 114
Oリング…………………………… 70
SEM………………………………… 98
ST検査……………………………… 130
SUSハウジング………………… 68
3つのリスト……………………… 54

【あ】

アースバンド……………………… 102
アンローダー……………………… 44
イオナイザー………………… 102, 104
一体化……………………………… 72, 118
異物の正体…………………… 12, 14, 28
異物のポテンシャル……………… 18, 28
異物ゼロへのアプローチ… 12, 28, 128, 152
異物分析……………………… 14, 28, 134
受け皿……………………………… 86
腕袋………………………………… 168, 170
エアダスター……………………… 20
エアシャワー……………………… 46, 144
エアブロー………………… 10, 96, 114
液中異物測定器…………………… 110
エッチング装置…………………… 70
エネルギーゼロ…………………… 36
エリア外清掃……………………… 40
置き方……………………… 24, 86, 92, 174
汚染………………………… 128, 142, 148
温湿度管理………………… 150, 174
オーバーホール………………… 20, 44

【か】

カセット…………………………… 10, 162
金型………………………… 20, 64, 170
カバー……………………………… 86

カバーレス化……………………… 118
通い箱……………………………… 22, 82
緩衝材……………………………… 68, 78
感性………………………… 10, 128, 152
管理技術…………………………… 32
カーボン…………………………… 102
カーボン治具…………………… 78, 102
キャリア治具……………………… 102
給油管理…………………………… 66
凝縮物……………………………… 64
協力工場…………………… 24, 60, 82
気流………………………………… 88
気流制御…………………………… 92, 174
気流測定器………………………… 90
気流マップ………………………… 92
空気清浄機………………………… 10, 11
靴底洗浄機………………………… 46
グレイゾーン……………………… 130
クリーンスーツ……… 22, 74, 142, 146
クリーンブース…………………… 84
クリーンプロセス………………… 18
クリーンベンチ…………………… 48
グリーンライト………… 48, 76, 132
クリーンワイプ………………… 76, 122
クリーンワーク流し……… 14, 16, 160
グレーチング……………………… 50
経験則……………………………… 12, 30
ゲージ化…………………………… 118
ゲートバルブ…………………… 44, 70
ゲル不良…………………………… 62
原則………………………………… 66
原則整備…………………………… 66, 166
原理………………………………… 66
現場チェックリスト……… 23, 174, 184
行動規制………………… 128, 140, 152
口金………………………………… 168
工程限定………………… 14, 16, 28

【さ】

災害ゼロへのアプローチ ······· 34, 36, 152
材木加工メーカー ························· 138
材料供給部 ······························· 44
サイロマグネットセパレータ ··········· 20
サプライヤー ············· 22, 60, 82, 128
三脚測定法 ······························· 90
仕上げ基準 ······························· 38
仕上げ清掃 ······························· 52
試験機 ································· 156
実践2Sへのアプローチ ··············· 152
自動車塗装工場 ························· 168
シート ······························· 100
シールドエッジワイプ ··············· 160
シール材 ················ 108, 168, 170
シャッター ························· 44, 84
集中化 ································· 118
シリコンウェハ ······················· 98
邪魔板 ································· 94
蒸着装置 ······························· 114
準クリーンルーム ······················· 82
純水（管理） ························· 110
除電シート ······························· 92
除電バキューム ························· 96
除電ローラー ························· 96
真空ピンセット ······················· 100
水蒸気 ································· 90
数値化 ································· 118
スタートアップリスト ······· 23, 174, 182
ステージ ························· 164, 166
ストッパー化 ························· 118
スパッタ装置 ························· 30
スパッタ層 ························· 168, 170
スピンコーター ························· 108
スモーク ······························· 90
清掃ウェス ················· 10, 14, 34
清掃困難箇所リスト ············· 54, 194
清掃準備台車 ························· 116
清掃用綿布 ························· 170

静電気測定器 ························· 100
静電気対策 ············· 92, 104, 174
石英チャンバ ························· 68
石英キャップ ························· 68
設備のレイアウト ······················· 92
セラミック成形工程 ······················· 64
セーム皮 ························· 48, 82
先行試しダミー ························· 31

【た】

台車のタイヤ ························· 50
タイムチャート ························· 116
立ち上げ・立ち下げ手順 ··············· 36
タッチ＆コール ························· 36
ダチョウの羽 ························· 168, 170
タフト法 ································· 90
ダミー管理 ························· 30
ターゲット ························· 70
治工具台車 ························· 92
超音波洗浄 ························· 45
都度清掃 ············· 20, 136, 156, 166
釣り竿法 ································· 90
テクノワイプ ············· 48, 76, 160
テスト基板 ························· 102
テスト装置
徹底清掃 ················· 12, 18, 28, 33
伝達経路 ························· 24
伝達経路対策 ············· 12, 28, 81, 174
電着槽 ························· 108, 168
電動化 ································· 118
ドアフィルター ························· 84
突発不良 ············· 18, 70, 134
塗布装置 ············· 62, 108, 170
共洗いダミー ························· 30
取り出しやすさのルール ··············· 116
トレイ ································· 100

【な】

ナトリウム汚染 ················· 40, 150

179

粘着マット ································ 46, 98
粘着ローラー ························ 132, 166
ノズル ··························· 46, 64, 118

【は】

排気装置 ·································· 94
排気部 ···································· 44
配管 ·············· 20, 44, 62, 100, 160, 168
剥離 ································ 30, 114
パスライン ····················· 100, 136
発生源 ··································· 22
発生源対策 ············· 12, 28, 59, 174
発生源マップ ···························· 56
発生源リスト ···················· 54, 192
搬送ハンガー ·························· 168
搬送部 ···························· 44, 160
パターン改善 ·························· 118
パーティクルカウンター ················ 88
反応室 ···································· 44
反応生成物 ············· 22, 34, 44, 62, 70
パンチングプレート ·············· 48, 162
半導体後工程 ···················· 102, 160
半導体前工程 ······· 62, 70, 114, 120, 164
パッキン ································ 45
バルブ ···································· 45
パレット ···························· 20, 82
ハンマー ······························ 100
飛散防止カバー ························ 66
ビデオ清掃基準書 ········· 26, 118, 174
フィルター ························· 10, 11
フィルタートラップ ·················· 110
フィルターユニット ·················· 100
拭き取りマット ························ 46
フックコンベア ························ 86
プラスチックの射出成形 ·············· 20
フレコンバッグ ·············· 20, 82, 84
フレームワーク ······················ 128
プローバー ···························· 164
プロセス系設備 ························ 44

ベンコットン ························ 164
放電針 ··································· 104
ボルトレス化 ·························· 118
ポンプ ···························· 44, 88

【ま】

前処理槽 ······························ 168
マッピング ······················ 14, 16
慢性化 ················ 10, 18, 128, 156
マーク化 ······························ 118
無機 ···································· 14
メカニズム ························ 12, 18
面板測定 ································ 98
モノの置き方 ·························· 92
モノの置き場所 ························ 92
モラルアップへのアプローチ ········· 172

【や】

薬液 ································ 36, 38
薬液の扱い方 ·························· 36
有機 ···································· 14
ユニット ····················· 16, 34, 54
要素技術 ································ 32

【ら】

レジスト塗布装置 ······················ 62
劣化 ···················· 44, 66, 110
劣化リスト ······················ 54, 196
レファレンス ········· 14, 16, 56, 160, 186
ローダー ································ 44

【わ】

ワイピングマシン ····················· 168

添付シート

スタートアップリスト (182ページ)
→新たにクリーン化する際、何から始めてどう進めるかガイドします。
　すでにクリーン化している現場では、不足点のチェックに使います。

現場チェックリスト (184ページ)
→現場の異物管理の状態を把握します。
　チェックしてルールを守っていない場合、注意して守らせます。

レファレンス (186ページ)
→異物の物性と現物の写真（形）が載っています。
　異物不良が発生した際、発生源を推定するのに使います。

立ち上げ・立ち下げ手順書 (188ページ)
→徹底清掃前に作成し、当日までに全員でやってみます。
　清掃時は設備のエネルギーをゼロ状態にし、安全を確保します。

KYTシート（危険予知訓練シート） (190ページ)
→徹底清掃時に清掃時の危険行動を洗い出し、行動目標を立てます。
　清掃直前には全員でタッチ＆コール（唱和）し、注意喚起します。

発生源リスト (192ページ)
→徹底清掃時に異物を発見した場所と状態、正体を記入します。
　発生源を推定に使います。

清掃困難箇所リスト (194ページ)
→清掃しにくい箇所、時間がかかった箇所を記入します。
　清掃改善の対象作業を決定するときに使います。

劣化リスト (196ページ)
→徹底清掃時に設備の劣化箇所、異物、劣化の推定原因を記入します。
　設備の点検基準書のベースとなります。

181

スタートアップリスト

1．発生源対策

【材質検討】

1. クリーンスーツの材質、形状を検討したか ☐
2. マスクの材質を検討したか ☐
3. 手袋の材質を検討したか ☐
4. ウェスの材質を検討したか ☐

【温湿度管理】

5. 発汗させない温湿度管理ができているか ☐

2．伝達経路対策

【外部との遮断】

6. 外と内の区分をしているか ☐
7. 準クリーンルームを設置しているか ☐
8. 外気の取り込みをしていないか ☐
9. クリーンブースを自主設置できるか ☐
10. マグネットを設置しているか ☐
11. フィルターを設置しているか ☐
12. 段ボールは使用禁止になっているか ☐

【気流】

13. 気流の測定をしたか ☐
14. 気流測定器を自主製作できるか ☐
15. 気流マップを作成したか ☐

気流の観点から

16. 設備レイアウトを決めたか ☐
17. 製品置き場の設計、製作したか ☐

気流の観点から

18. 製品置き場を決めたか　　☐

19. 製品・部品・治工具台車を設計、製作したか　　☐

20. 製品・部品・治工具台車の置き場を決めたか　　☐

21. 面板異物測定したか　　☐

【静電気】

22. パスラインの静電気を測定したか　　☐

23. 手袋の静電気測定をしたか　　☐

24. 静電気対策したか　　☐

3．清掃基準書の作成

25. すべての清掃に対して基準書があるか　→　作成　　☐

26. 効果のない清掃基準書はないか　→　改善　　☐

27. 時間がかかり過ぎる清掃はないか　→　改善　　☐

28. 清掃基準書はビデオ化されているか　→ビデオ化　　☐

4．教育・訓練

29. 現場の鉄則を教えたか　　☐

30. 行動規制を教え実践訓練したか　　☐

31. ST検査の仕方を教え実践訓練したか　　☐

32. 異物の除去、修理の仕方を教え実践訓練したか　　☐

33. 安全：災害ゼロへのアプローチを教え実践したか　　☐

34. 整理・整頓:実践2Sへのアプローチを教え実践したか　　☐

35. 改善：異物ゼロへのアプローチを教え実践したか　　☐

36. 清掃の仕方、注意事項を教え実践訓練したか　　☐

37. 管理データ収集と読み方を教え実践訓練したか　　☐

38.「ルールを守る意味」を教えたか　　☐

39.「守らないとどういうことが起きるか」を教えたか　　☐

現場チェックリスト

1. クリーンスーツ

1. 汚れ、ほころび、穴があいていないか（以下、観察） ☐
2. 手元のゴムが伸びていないか ☐
3. 繊維が付着していないか（粘着ローラー、観察） ☐

2. 行動規制

4. クリーンスーツの着方を4つの観点で点検しているか ☐
5. 手の洗い方は徹底されているか（以下、実際に観察） ☐
6. エアシャワーの浴び方は守られているか ☐
7. 製品を上からのぞき込んでいないか ☐
8. 汚れた手袋を使っていないか ☐
9. 製品、設備とクリーンスーツが接触していないか ☐
10. 製品入れと設備をこすっていないか ☐
11. 大声を出していないか ☐
12. 急ぎ足、急いで台車を押している作業者はいないか ☐
13. くしゃみに注意しているか（以下、個人の心得） ☐
14. 発汗しないように注意しているか ☐

3. モノの置き方、置き場所（整理・整頓）

15. 不要と思われるモノはないか（思ったら聞く） ☐
16. モノの置き場所は決まっているか（表示してあるか） ☐
17. 製品の上に何か置かれていないか（以下、常時） ☐
18. 製品置き場の近くを人が頻繁に歩いていないか ☐
19. 台車上は雑然としていないか ☐
20. 台車上はきれいか、異物は見えないか ☐

4．清掃観察

21．清掃基準は守られているか（時間測定、作業観察）　☐

22．ウェスはルール通り使われているか（以下、作業観察）　☐

23．エアブローしていないか　☐

5．異物除去作業観察

24．異物の除去・修正方法はルールを守り行われているか　☐

6．設備観察

25．設備上にモノが置かれていないか　☐

26．貼りものがしていないか　☐

27．きれいに清掃されているか、異物が見えないか　☐

7．気づかないところ

28．粘着マットは汚れていないか（以下、気がついたとき）　☐

29．台車のタイヤは汚れていないか　☐

30．グレーチングの下にゴミが溜まっていないか　☐

8．清掃・点検・寿命管理

31．クリーンペーパーの管理をしているか　☐

32．マグネットの清掃と寿命管理をしているか　☐

33．フィルターの清掃と寿命管理をしているか　☐

34．イオナイザー放電針の清掃と寿命管理をしているか　☐

35．液槽の清掃、液交換、洗浄能力測定をしているか　☐

36．設備の清掃と給油管理をしているか　☐

37．清掃用具、治工具は汚れていないか　☐

38．製品・部品入れの洗浄・除電と寿命管理をしているか　☐

39．ダミーの洗浄と寿命管理をしているか　☐

レファレンス

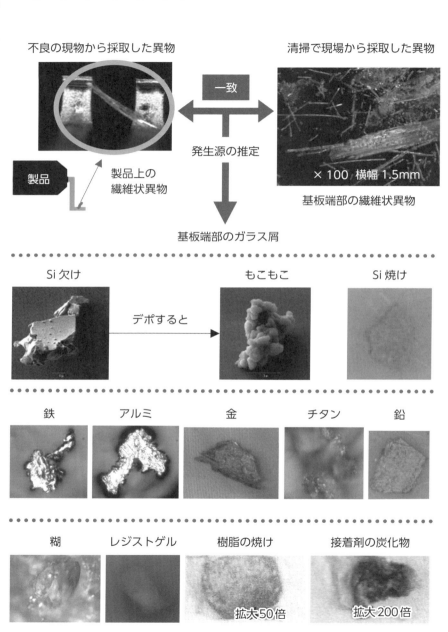

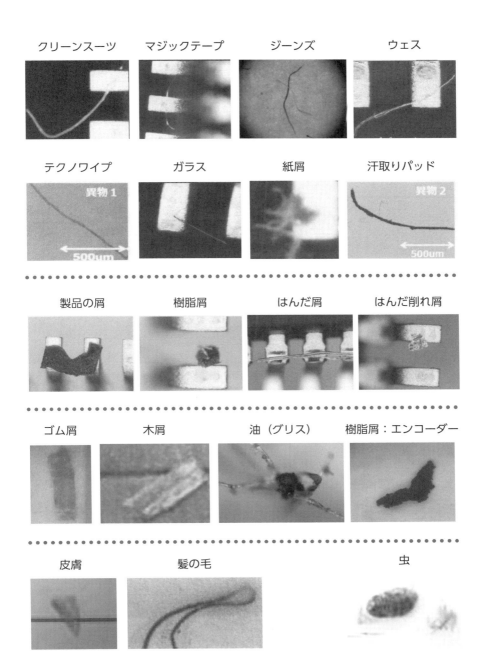

立ち上げ・立ち下げ手順書

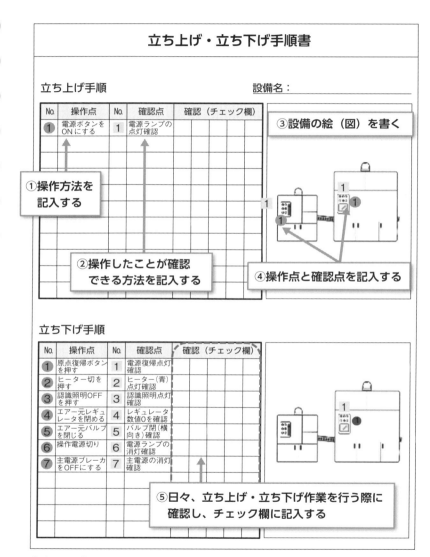

【ポイント】

操作→確認→操作→確認→…というようにやった操作が確実に設備に認識されている手順にする

立ち上げ・立ち下げ手順書

立ち上げ手順　　　　　　　　　設備名：＿＿＿＿＿＿＿＿＿＿

No.	操作点	No.	確認点	確認（チェック欄）			

立ち下げ手順

No.	操作点	No.	確認点	確認（チェック欄）			

KYTシート（危険予知訓練シート）

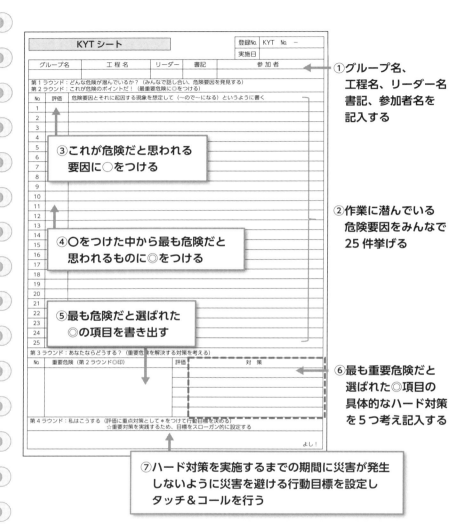

【ポイント】

1. 実際の作業を観察するか、危険行動をビデオに撮影し実施する
（静止画で実施しない）
2. 危険要因は25件挙げる→挙げるまでやめない

KYT シート

		登録No.	KYT No. －
		実施日	

グループ名	工 程 名	リーダー	書記	参 加 者

第1ラウンド：どんな危険が潜んでいるか？（みんなで話し合い、危険要因を発見する）
第2ラウンド：これが危険のポイントだ！（最重要危険に◎をつける）

No.	評価	危険要因とそれに起因する現象を想定して（～ので～になる）というように書く
1		
2		
3		
4		
5		
6		
7		
8		
9		
10		
11		
12		
13		
14		
15		
16		
17		
18		
19		
20		
21		
22		
23		
24		
25		

第3ラウンド：あなたならどうする？（重要危険を解決する対策を考える）

No.	重要危険（第2ラウンド◎印）	評価	対 策

第4ラウンド：私はこうする（評価に重点対策として＊をつけて行動目標を決める）
　　　　　　☆重要対策を実践するため、目標をスローガン的に設定する

よし！

発生源リスト

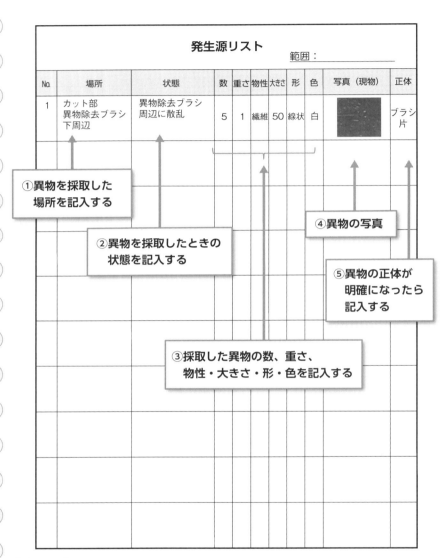

【ポイント】
1. 徹底清掃をやりながら作成する。
2. 異物はテープ、ビニール小袋で採取し、リスト No. と一致させておく

発生源リスト

範囲：＿＿＿＿＿＿＿＿＿＿＿

No.	場所	状態	数	重さ	物性	大きさ	形	色	写真（現物）	正体

清掃困難箇所リスト

		清掃困難箇所リスト			
No.	場所	どのように 清掃しにくかったか	どうしたら 清掃しやすくなるか	かかった 時間	対策の 必要性
1	搬送台下	ブラチェーンの摩耗粉が固着していた	定期的な清掃	20 分	○
2	焼成コンベア	メッシュベルトに錆が固着していた	壊れていた汚れ除去ブラシの復元	55 分	○

①清掃した場所を記入する

②清掃しにくかった状況を記入する

③清掃しやすくなる方法を検討する

④清掃にかかった時間を記入する

⑤対策の必要性を検討する

【ポイント】

1. 清掃困難箇所としてリストアップする時間をあらかじめ定義しておく
2. どう清掃しにくかったかを、声を出しながらビデオに入れておく

清掃困難箇所リスト

No.	場所	どのように 清掃しにくかったか	どうしたら 清掃しやすくなるか	かかった 時間	対策の 必要性

劣化リスト

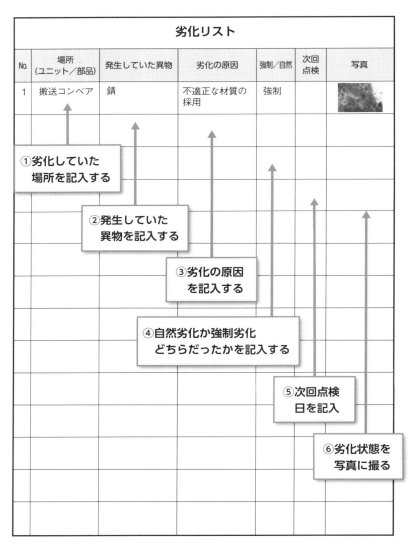

【ポイント】
1. 劣化と異物の相関関係を明確にする
2. 劣化部品は分解し、原因を突き止め、自然劣化か強制劣化かを判別する

劣化リスト

No.	場所 (ユニット／部品)	発生していた異物	劣化の原因	強制／自然	次回 点検	写真

〈著者紹介〉

中崎　勝（なかざき　まさる）
株式会社ロンド・アプリウェアサービス　代表取締役社長

1981年慶應義塾大学工学部計測工学科卒業後、株式会社ブリヂストン入社。生産技術業務に従事する。87年日本デジタルイクイップメント株式会社に入社し、システムエンジニアリング業務に携わる。92年ロンド・アプリウェアサービスを設立。
当初はITコンサルティングをしていたが、現場改善の必要性と重要性を感じ、TPMのコンサルタントとして再デビュー。その後、QC、IEと分野を拡げ、最終的に不良ゼロ、ロスコストマネジメント、SCMとトータルコンサルティングを展開。その効果とスピードは好評で、現在までに46社（協会）・47事業所でコンサルティングを実施。その集大成として本書を執筆した。

異物不良「ゼロ」徹底対策ガイド
一般エリアからクリーンルームまで即効果が出る　　　　　　　NDC509.66

2019年11月20日　初版1刷発行	定価はカバーに表示されております。
2025年6月17日　初版7刷発行	

© 著　者　中　崎　　　勝
　 発行者　井　水　治　博
　 発行所　日刊工業新聞社
〒103-8548　東京都中央区日本橋小網町14-1
電話　書籍編集部　　03-5644-7490
　　　販売・管理部　03-5644-7403
　　　FAX　　　　　03-5644-7400
振替口座　00190-2-186076
URL　https://pub.nikkan.co.jp/
e-mail　info_snuppan@nikkan.tech
印刷・製本　新日本印刷㈱

落丁・乱丁本はお取り替えいたします。　　　2019　Printed in Japan
ISBN 978-4-526-08018-0　C3034

本書の無断複写は、著作権法上の例外を除き、禁じられています。

日刊工業新聞社の売行良好書

ポカミス「ゼロ」徹底対策ガイド
モラルアップとAIですぐできる、すぐ変わる

中崎勝 著
A5判 184ページ 定価：本体2,000円+税

やりたくなる5S新書

中崎勝 著
A5判 184ページ 定価：本体2,000円+税

誰も教えてくれない
「生産管理システム」の正しい使い方

本間峰一 著
A5判 192ページ 定価：本体1,800円+税

誰も教えてくれない
「工場の損益管理」の疑問

本間峰一 著
A5判 184ページ 定価：本体1,800円+税

Asprova解体新書
生産スケジューラ使いこなし再入門

高橋邦芳 著
A5判 240ページ 定価：本体2,300円+税

工場IoT技術者のためのPLC攻略ガイド
よくわかるラダー言語の基本と勘所

山田浩貢 著
A5判 192ページ 定価：本体2,400円+税

バルセロナのパン屋にできた
リーン現場改革

ファン・アントニオ・テナ、エミ・カストロ 著　成沢俊子 訳
A5判 136ページ 定価：本体1,600円+税

日刊工業新聞社出版局販売・管理部

〒103-8548　東京都中央区日本橋小網町14-1
☎03-5644-7410　FAX 03-5644-7400